C.K. オグデン

「ことばの魔術」からの
出口を求めて

◆

相沢 佳子 著

清水書院

C.K.OGDEN

C.K. オグデン 「ことばの魔術」からの出口を求めて

はじめに

　オグデンという名前を聞いたことがあるだろうか。C.K Ogden (1889〜1957) と言っても一般にはあまり知られていないと思う。ベーシック・イングリッシュ（以下通称のベーシックと略）の考案者として思い出される方はおられるだろう。実は彼はそれ以外にも『意味の意味』の共著者でもあり、J. ベンサムの研究家でもある。さらにその他、心理学者、言語学者、哲学者として数々の業績を残している。

　彼はきわめて旺盛な知識欲を持ち、まれにみる博学多才な人物である。信じられないほど多くの本や論説などを書き、翻訳書も何冊か、その他複数の定期刊行物、さらに5種類ものシリーズ物の編集もしていた。一般の人には想像できないような数々の仕事を成し遂げてきた。まさに「知の巨人」であり、20世紀思想に偉大な貢献をした人物と言える。

　知れば知るほどすばらしい、興味深い人物である。それなのに母国イギリスでさえあまり知られていない。それほどすごい仕事をしてきたのにどうして正当に評価されなかったのだろうか。親しい友人たちは彼が余りにも多才で仕事の間口が広すぎたことも正当に認められない要因の一つではないかと語っている。ただ彼の知的冒険は非常に幅広いだけでなく、奥行きもきわめて深い。このような人物が他に容易に見つかるだろうかと疑うほど。

多方面で活躍はしたが、何と言ってもオグデンの最大の関心事は「ことば」だった。ことばは思考の道具と言われている。人間は道具を作る動物だが、その中で最もすばらしい働きをしているのがことばではないか。私たちのまわりの道具は使いやすいように日々改良されているが、ことばは改良されているだろうか。現在私たちも「近頃の若者のことばはひどい」とか、「ネットでのことばは分からない」などとぼやくが、どうしたらよいのだろうか。

　オグデンはことば、言語に取り組み大きな仕事をしてきたが、言語学会にも受け入れられなかった。それは言語そのものの研究というより、ことばとそれを使う人との係わり、伝達に焦点が置かれていたから。ことばと思考は切り離せない、ことばは人の思考に大きく影響する。古くからことばには人を惑わせる力があると考えられてきた。ことばのあいまいさが思考をくもらせ、考えがことばによって曲げられ、また誤解が生じることはいつの時代でもあった。彼はことばが人の考えに及ぼす誤った力を「ことばの魔術」word magic と名付けてそこから脱却すべきだと考えた。

　第一次世界大戦中、政治家や軍のプロパガンダの報道のことばに疑問を抱いたこともオグデンがこのような考えを持つきっかけの一つだった。日本でも第二次世界大戦後、鶴見俊介は『思想の科学』に「言葉のお守り的用法について」を書き、戦時中の「皇国」、「八紘一宇」などのことばを論じている。為政者のことばの巧みさに順応する習慣が続く限り、何年か後にまた戦争がおこるのではないかと憂いて。日常でもことば自体が暴力でなくても、ことばは容易に暴力を引き起こすことができる。

　情報過多の現在、人々はマスメディア、netでのことばに振り回され、真実を見極められないことが今まで以上に多いのではない

か。カタカナことばをはじめ意味がはっきりしないまま使っていることばは多い。ことばが空洞化すれば思考は停止する。21世紀の私たちにとってもこの問題は大きなかかわりがある。このような「ことばの魔術」を解決するためにオグデンが考案したのがベーシックという言語組織である。あいまいな言い方を少数のはっきりした要素的なことばで言い換えることでことばの魔術におちいるのが防げると考えた。

このように偉大な人物が忘れられるのを憂いて、Florence, Anderson ら親しい友人たち十数人が彼の没後20年目に *C. K. Ogden: A Collective Memoir*（1977）を出版し、彼の思い出を語っている。この回想録でオグデンの知的冒険家としての重要性が認められるようにと。しかしその後も再評価の声は余り聞こえてこない。ベーシック考案に大きな影響を与えたベンサムの言語学関係の業績も死後100年たってオグデンによってその重要性が明るみに出た。すばらしい成果が長いこと埋もれていることはあり得るのだ。

長年ベーシック、その考案者オグデンに興味をもって研究してきた筆者は、彼の没後50年の節目に『850語に魅せられた天才 C. K. オグデン』（2007 北星堂）を著した。ただこの本は分厚い専門書で、読者層も限られていた。また、現在出版社が廃業して、この本は絶版となっている。そこで今回オグデンというこの魅力ある人物について、より多くの人に手軽に読んでもらえるようにと本書を出すことにした。

今年2019年は彼の生誕130年にもあたる。内容について、1章ではオグデンがどんな人物か、天才でもあり変人でもあり面白い逸話なども含めて語る。2章では彼がどんな人生を過ごしてきたか、その生涯を見ていく。3章では彼の理想の言語、ベーシックの背景

を探ってゆく。ベーシックそのものについては4章で詳しく説明する。

このベーシックも古めかしい、回りくどいなど批判もあるが、きちんとした理論的裏付けに基づいた周到に考え抜かれた「英語の小宇宙」である。わずか850語、特に動詞はたった16語という究極の語彙制限でしかも一般的なことは何でも表現できる英語の組織である。英語の核心的部分なので英語学習の第一歩としても大変有効で、普通英語への橋渡しも自然に出来るようになっている。欠点もあるが、それらを上回るベーシックのすばらしさを知って欲しい。

ベーシックは公表当初日本をはじめ世界各地で普及運動が活発に行われたが、戦争を挟み一時期活動は復活したものの、現在では残念なことに余りかえりみられていない。ただ2003年にアメリカの工学者たちがnet上にベーシックの組織を立ち上げた（http://www.basic-english.org/institute.html）。今やネットの時代、ここでは様々な企画が実行され、幅広い活動が見られる。またオグデンが編集したベーシックとも深く関わる学術雑誌『サイキ』（*Psyche*）（1920〜58）18巻も1995年に英国の出版社と日本の紀伊国屋出版が共同で復刻版を出している。

さらにオグデンArchives（文書館、貴重書の保管所）がイギリスを主にアメリカやカナダなどの大学図書館内に何ヶ所もある。オグデンの著書、論文、書簡など莫大な量の貴重な資料や彼の蔵書が大切に保管されている。これらの事実はやはりオグデンの成し遂げたことがいかに重要であるかを物語っているのではないか。筆者はそのほとんどを訪問し、資料を閲覧させてもらった。それぞれとても興味があったので、個人的な思い出も含めてオグデンArchivesの訪問記を最後の5章に記し、それらのarchivesにある資料につ

いて語る。この章および他にも何か所かは 2007 年の本にはなく、新たに書き加えてある。

　出版に際しては清水書院編集部の中沖栄様に大変お世話になった。感謝申し上げる。

2019 年　オグデン生誕 130 年に
相沢佳子

目 次

はじめに ……………………………………………………………… 4

1章 オグデンとはどんな人物 ……………………………… 13
1 知識欲旺盛でまれにみる博学多才 ……………………… 13
2 奇人とも言われる風変わりな人物 ……………………… 31

2章 オグデンの人生とは ……………………………………… 43
1 ケンブリッジ大学時代 …………………………………… 43
2 『ケンブリッジ誌』の編集など幅広い活動 …………… 51
3 『サイキ』その他シリーズの編集など ………………… 59
4 ベーシック・イングリッシュ完成、普及 ……………… 67

3章 理想の言語を求めて
　　　──ベーシック・イングリッシュの背景── …………… 76
1 普遍言語の夢 ……………………………………………… 77
2 言語改革を志した人々 …………………………………… 86
3 同時代の人々とのかかわり ……………………………… 91
4 ベンサム研究 ……………………………………………… 100
5 『意味の意味』の共著 …………………………………… 110
6 ベーシック・イングリッシュ考案へ …………………… 116

4章 ベーシック・イングリッシュの魅力 ……………………… 122

1　850語の世界 ……………………… 124
2　動詞がわずか16語 ……………………… 138
3　メタファーの宝庫 ……………………… 147
4　英語教育への理想的な教材 ……………………… 151
5　思考の明晰化 ……………………… 159

5章 オグデン Archives（資料館）訪問記 ……………………… 164

1　ユニバーシティ・カレッジ・ロンドン ……………………… 165
2　レディング大学 ……………………… 171
3　ケンブリッジ大学 ……………………… 175
4　ロンドン大学　教育学部 ……………………… 177
5　カリフォルニア大学ロスアンジェルス校 ……………………… 181
6　マックマスター大学　カナダ ……………………… 182
7　公文書館（Public Record Office）……………………… 196

おわりに ……………………… 203

1章 オグデンとはどんな人物

　オグデン（1889〜1957）はベーシックの考案者、「意味の意味」の共著者、その他さまざまな学問上の成果を残している。20世紀初期のイギリスにおける知性人としては最も注目に値する人物の一人と言われている。ところが「はじめに」でも述べたように本国のイギリスでさえあまり知られてはいないし、日本でも関心を持っている人は少ない。オグデンとは実際どんな人物なのだろうか。彼の生涯やその仕事を知る前に、彼の人となりを見てみよう。というのも彼は決して「平凡」といえるような人物ではないから。「多才だが変人」というのが仲間の評だが、どのように多才でどのように風変わりなのだろうか。

1 知識欲旺盛でまれにみる博学多才

　1957年オグデンの死に際し、ロンドン・タイムズは彼の追悼の記事に "an unconventional but deep learned and profound original thinker"（因習にとらわれない深い学識のある深遠、独創的な思想家）と彼のことを形容している。さらにベーシックについて "The whole idea of it was one of the most interesting notions in our generation."（ベーシックという考えすべて我々の時代の最も興味深い思いつきの一つだ）と記している。

　その他の報道関係も彼に polymath（博学者）、intellectual entrepreneur（知的企業家）、monologist（会話を独占する人）などのレ

ッテルを貼っている。また英国の記号論百科事典もオグデンを 'Cambridge polymath'（ケンブリッジの博学家）と称して、人文科学がまだ現在のように専門化していない時代に著しい幅と理解を持った思想家であると記している。

友人たちのオグデン評

「はじめに」でも触れたようにオグデンをよく知る数多くの友人たちが彼の思い出について書いたものが本になっている[1]。その中から何人かのオグデン評を聞いてみよう。それらによって彼がどんな人物か推察できるのではないか。ある女性の友人はBBC放送で次のように語っている。「オグデンは天才だと思います。それなのに彼はどういうわけか忘れられています。たぶん、あまりに多才だったからでしょう。専門化の時代に彼は全世界を自分のキャンパスに取り込み、そこにすべてを描いたのだから。」

討論の会で一緒だった友人は「彼とはいつも付き合っていてすごく楽しかった。計画を立てたり、名誉会員を集めたりの仕事を一緒に夢中になってやった。彼から受けた恩恵ははかり知れない。ケンブリッジではどこのcollegeで学んだかと聞かれると、私はオグデンcollegeでと言いたい気持ちだ」とまで言っている。また雑誌の編集などを通して親しくしていた友人は「並外れて知性豊か、現代の知的世界での彼の影響は他に例を見ないほどだ。彼は完全に知的世界を生きた人」とコメントしている。

またある友人は「…オグデンの哲学、言語学、そして人類へ新しい知識を与えたすべてがどんな大きいものであったとしても、彼が生きていたがためにこの世界はより豊かに、より楽しい場所になった。こんなことの言える人は他に何人いるだろうか」と言ってい

る。またインタビューに答えた友人は「オグデンのあらゆる気まぐれや奇行の裏に、彼には中心となる明確さへの一貫性、好奇心、何かしたいという情熱、怠けることを黙ってみていられず、知性への信頼があって、それが学部学生であっても時代の有力者の一人となった由来だ」と語っている。

オグデンの知的冒険に強く惹かれた一友人は「一人の人生でそんなに多くを生み出しただけでなく、そんなに多くの分野で本当に重要なものを沢山生み出したなんて考えられないほどだ。オグデンは生半可な評論家ではなかった。彼の多方面にわたる知識は広くかつ深かった。彼が問題にちょっと触れさえすれば、何でも解明したものだった」と語っている。

最後にもう一人、討論の会で知り合ったラッセル夫人は女性の目から見て次のように言っている。「オグデンは常にちょっと神秘的な人、風変わりで独創的、親切でやさしく、常に助けになる人。でもごく親しい親密さまでは近寄らせなかった。彼自身の聡明さはかなりのものだったが、彼はその大部分を他の人の知への触媒として使うのだった」と。

以上見てきたように友人たちからこれだけすばらしい評を受けたオグデンとは確かに「ただ者」ではないと分かるだろう。当時ケンブリッジ大学で一番注目に値する人物、イギリスにおける知性人としても最も目立つ人物の一人と言われている。彼には先を見る目があったようだ。例えば、半世紀も先の1960年代後半に起こる学生の反乱運動などもすでに予告していたし、1917年に大学雑誌では「おびやかされる世界の動向」について報告して、それを支持している。つまり世界が彼の一貫した立場の方向に進んできたという指摘もあるくらいだ。

翻訳その他

　オグデンは心理学者、言語学者としてだけでなく、哲学者、美術批評家でもある。出版した本はベーシック関係で20冊近くあるが、その他にもベンサム関係、心理学、美学などさまざまな分野にわたって本を書いている。また *The Meaning of Psychology*『心理学の意味』(1926)、*The ABC of Psychology*『心理学入門』1929)と心理学の本2冊、これはちょうどベーシック考案中の忙しい時期に書かれている。

　また彼は実際にドイツの教育事情を視察した結果から、共著ではあるが、*The Problem of the Continuation School and its Successful Solution in Germany*『職業教育の問題とドイツにおけるその成功した解決』なども書いている。その他論文、雑誌の記事、論説、また評論などは数えきれないほどである。内容も多彩で、『大英百科事典』13版では美術の項目を書いている。

　オグデンはまた翻訳家でもあって、フランス語やドイツ語などから15冊ほどを編訳している。ファイヒンガーの *The Philosophy of As If*『As If の哲学』など言語の問題にかかわるものもあるが、多くは彼の多才さを証明するように様々な内容のものである。『アリの生活と闘争』、『思想と脳』、『生気論の歴史と理論』、『感情の法則』、『学校と国家』、『多産と文明』など驚くほど多方面にわたっている。アリの生活についての本は分厚く5巻にわたる大冊で、しかも1927年まさにベーシック完成間際に成しとげたのは信じられないようなことではないか。

　このようにさまざまな分野の本を翻訳しているが、オグデン自身はこれらもすべて多少なりともことばの問題に直接に関係していると述べている。またヴィットゲンシュタインの翻訳にもかかわる

が、これら翻訳の仕事は1915年から始まり1930年が最後、ちょうど雑誌などの編集、『意味の意味』の著述、ベーシック考案の仕事の最も忙しい時期とも重なっている。よくそれだけのことが出来るとただただ感心する。

翻訳については第一次世界大戦の間、大学雑誌に載せるためにいろいろな国の報道記事の要約をしたことから特別に興味を持って研究していた。オグデンにとって翻訳は彼の信念からのもので、国際理解を高めるという大きな使命を持っていた。そしてこの翻訳の経験、国際理解の問題がベーシック考案にもつながっていく。

これら翻訳の経験は、後に財団への文書にも記されているように、資金が入り次第手をつける予定のThe Parallel Library企画の土固めともなっていた。これは世界文学のダイジェストを原書のことばとベーシックと見開きで並べるという計画である（この名称は2つのことばを平列に並べる文庫の意味）。ただせっかく準備をしていたが、基金の不足でこの形では実現されてない。もし実現されていればこれはすばらしいものになっただろうに残念である。彼は後に莫大な量の普通英語をベーシックに書き直している。

これら忙しい時期に彼は大学雑誌、学術雑誌などを何年も続けて編集責任者として出している。さらに5種類もの学術双書、シリーズ物の編集もして、しかもいずれも成功させている。一日が何十時間あっても普通の人にはできないことだ。たぐいまれな多才ぶりには誰でも驚かされることだろう。

彼はあまり知られていない外国語をいくつも学んでいた。カリフォルニア大学の文書館の彼の蔵書の中に何冊もの彼の手帳が保存されていて、それぞれに外国語を学習した跡が見られる。ギリシャ語はともかく、ヘブライ語、イラン語、シリア語、アルメニア語、中

国語、韓国語、カンボジア語など、あまりなじみのない言語 20 ヵ国語近く独学で学んだ形跡が残っている。そのほとんどが表記はアルファベット以外の文字のエキゾティックな言語である。それぞれの文字を練習し、アルファベット表記と並べ、語のリストには絵や英語で説明をつけ、簡単な文まで書いていた。

そんな多くの言語にまで興味を持って学んだというのはおどろくべきことである。残念なことにこれらが何年頃のものか時期は記されていなかった。言語の本質に迫るためか、またはベーシック考案に参考にするためか、または発表後の普及のためだろうか。筆者もこれらの手帳を一冊ずつこの目で見て、オグデンのどこまでも突き詰めようとする強烈な熱意に驚くとともに深く感動した。

音の研究も

彼はまた音についても関心を寄せていろいろ研究をしていた。ストレスやリズムなどに関する長い研究論文もある。ことばの意味をはっきりさせるには声の上下のイントネーションに注意を注ぐより、強勢を正しく置くことが大事だと主張している。ベーシックの語では 60% 以上が 1 音節で、2 音節以上の語の多くは後ろから 2 番目にストレスが来ている。音声面でもベーシックは非常に学びやすくなっている。語の選択に音声の面も考えに入れていたのだ。

1920 年代終わり頃から音の再生の科学的発展に伴って蓄音機が重要な要素となってきた。そこでケンブリッジにその可能性を学ぶ国際音声センターという機関を作って、当時としてはまだ珍しいさまざまな音声機器をいくつもそなえた。そこでの活動の進展の様子は雑誌などに報告されている。1930 年にはロンドンにもその本拠を作り、部屋も 12 室まで広げて、音声関係のさまざまな機器がそ

なわったと報告している。6台もの大きな蓄音機を使った実験で科学者たちの関心も集めた。

　これらの音声機器類はベーシックのための意義も大きい。ピッチ、メロディーなどは主に一般言語学、特にベーシックとの関連で研究に用いた。スピーカーは声の高低、スピード、強弱、音質など自由に再生でき、学習者がくり返して吹き込めるようになっていた。東洋からもさまざまな言語のレコードを200枚ほど購入して実験をしていた。さらにはセミの鳴き声までマイクの前で録音し、動物の伝達との関連で研究をした。

　オグデンはこれら音声機をはじめ、機械類をいろいろ工夫して発明するのが好きだった。これら応用研究を進める「発明委員会」などを作り、応用言語学との関連で発明品の開発をしたり、特許を取ったりしている。映写機も音声フィルムの消耗を4分の1にしたものを当時展示したが、これは専門家からも映写工学として最もすばらしい発明と称賛された。またこわれないレコードを作る過程も発見した、これは外面の雑音は入らないで、普通のレコードの十分の一の重さだったとか。

　発明と言えば、他にも例えばバナナの皮から上質の紙を再生するとか、市場に出ているよりずっと効果的な顕微鏡を組み立てる計画もあった。x線のメタルもその時の彼らの副産物だったとか。ただその頃イギリスでは発明の採用以前に権利譲渡が必要で、商業の洗礼を受けなければならないとオグデンは嘆いていた。

収集品など

　またオグデンは、学術面以外にも古書、骨董品の商いをして、オルゴール、ロボット、切手、時計、コインなどを幅広く収集した

し、またそれらの専門家でもあった。時計も見た目の美しさより歴史的いわくがあるとか機械の性能で選んだ。もちろんそれら3つの要件すべてを備えたものもあった。彼の家には何種類もの時計があり、中にはひどく珍しいものもいくつかあった。

　2本の針とも明らかに機械装置とはくっついていないのに動く不思議な時計もあった。また2メートル近い大きい時計には、毎時間違うメロディーを奏でて真夜中の12時には国歌の'God save the Queen'で終わるオルガンが内蔵されていた。これはすべて文字盤の上に並べられた人形の演じる「ゴンドラの舟歌」の道化芝居の伴奏になっていたとか。こんな時計は誰でも見てみたいと思うだろう。またいくつもの時計が別々の時間に時を告げるチクタクという音をオグデンは楽しんでいたそうだが、友人たちも驚きはしたがそれを聞いて楽しんだという。

　また別の友人はオグデンの収集品いくつかと後に出会って懐かしんでいた。ある時ロンドンの劇場で2メートルもある木製の金箔の飾りのついたすばらしい時計を感心して眺めていたが、これはオグデンコレクションからの物と分かった。絵のコレクションの中にもシェークスピアの肖像画に「ノリッジの」とか「オグデンの」と呼ばれるものがあったと言われている。

　彼には珍しくて、しかも本当に価値のあるものを見抜く本能的な才能があって、売買には決して失敗しなかったそうだ。この点でも彼は生まれながらの商売人で、株の取引にもっと興味を持てば大もうけしただろうに残念だと友人たちは語っている。これも彼のあらゆることができる能力の一つに過ぎないのだ。環境が異なっていればmusic hallで喜劇役者として大金持ちになっていたかもしれないと考えた友人もいた。彼には生まれつきの才能に加えて読書からの

知識も大きかったはずである。大量の本をどん欲に購入したが、古本屋などでも内容をちらっと見ただけで自分の研究に有用かどうかをさっと見抜く力を持っていたと言われている。物の収集でもただ自分や友人の楽しみのためだけではなく、科学的に価値のあるものを集めて上手に利用していた。

共著を出して、ベーシック考案にも深くかかわったリチャーズ（I.A.Richards 1893～1979）はオグデンの才能について次のように語っている[2]。彼はすばらしい学者で、専攻の古典学の教授職にも十分すぎるほどの学識があり、またそうなる予定でもあったが、彼はその道を選ばなかった。専門以外のすべて、あまりにも多くのことに興味を持って、しかも何でもでき過ぎた。この何でもできすぎたことは逆に彼が正当に評価されなかった一原因とも言えるだろう。

切手にも興味を持って大量に集めたが、それらを色彩調和の色テストに使って色彩学の論文も書いている。また800枚以上の切手を選んで、それらの絵をベーシックで説明、つまり切手を使ってベーシックの学習が出来るようにした。*Basic by Picture Stamps*『絵入り切手で学ぶベーシック』（1941）という本を書いた。例えば、手のひらに小さい赤ん坊がのっている切手の絵には 'Baby seated on a hand, the thumb of which makes it clear that it is the left. The writing at the foot of the stamp is Dutch.'（赤ん坊が手のひらにのっていて、その親指からそれが左手だと分かる。切手の下に書かれているのはオランダ語だ）とベーシックで説明している。

収集とは話がずれるが、オグデンはどんなことでもいろいろ違った言い方で言い表すことができた。これはベーシック開発に大きな力となったはずだが、それを楽しんだし、またそれをさらに開発さ

せようと努めていたという。同じことを違うことばで言い直して、その結果を批判的に比較する才能を彼ほど発達させた人を見たことはないとリチャーズは言っている[3]。この才能はベーシック創案にどんなにか役立ったことだろう。

そこでオグデンはある時 Universal Rephraser（万能言い換え屋）という商売をしようと思いついた。それは考えをうまくことばに表せない人たちの役に立とうとしたから。その説明書の下書きに「あなたにはアイディアがある、私たちにはことばがある」と書かれていた。実際のところ、オグデンはその両方を兼ね備えていたのだ。何しろ才気に富んでいて、予期しがたいほどの人物だったから。

大量の本

彼はまたおびただしい量の蔵書家だった。彼の家には地下から屋根裏まで時計、オルゴール、絵などと共に本、本、本がつまっていたとか。ある友人は彼の部屋について次のように描写している。「本や雑誌の山の端を一歩ずつふみしめて階段を上り、やっと２階の彼の部屋にたどり着く。するとオグデンはまわりの本や骨董品の間をくぐり抜けて案内し、やっと本だらけの間のたまたま空いたイスへと連れていってくれる。周りの本棚の本の種類は無限と言えるほどで、さっと見ていても夜が明けてしまいそうだ」と。

この部屋は夜の部屋で友人のうちだれも昼間この部屋は見ていなかったと言われている。また彼の部屋は最も理にかなった住居となっていたと友人は言う。家具など物の配列の理論は、小ぎれいさとか装飾、また客の突然の訪問の配慮などによって邪魔されないようになっていた。そんな彼の部屋は筆者も見てみたいと思う。

本の話に戻ると、一体こんな沢山の本をどうしているのだろう

か、本当に読むのかと誰でもいぶかるが、実際にカレッジの教師はそう聞いたという。オグデンの答えは「ほとんど読む」だっただろう。確かに実際に読んでいるようだった、というのもリチャーズは彼の本の多くに紙片が挟まれ、また余白のところにもオグデン独特の字体で細かく鉛筆の書き込みがしてあったという。筆者自身もロンドン大学の特別図書室で彼の蔵書を何冊か見たが、本に挟まれたままの紙片や下線、メモなどを見て、オグデンのものだとひどく感動したことを覚えている。彼にはまた今本の中で自分が必要な個所をパッと開くという透視能力のような力があったとも言われている。

　莫大な量の彼の蔵書の中には古い文書、貴重な初版物、世界で最も立派なコレクションの一つと言われるもの、18、19世紀の社会思想の本などがあった。それらは彼の出版物などと共に1953年ロンドンのユニバーシティ・カレッジが5万ポンドで買い取った。この時期は丁度ベーシック研究所への国からの援助金が終了した年で、オグデンたちの財政難を救うためでもあっただろう。

　また死後6万冊からの本は他の資料と共にアメリカのカリフォルニア大ロスアンジェルス校が買い取った。この中にはオグデンが自分の研究用に使った15世紀から20世紀の印刷の全期間にわたって出版されたものもあった。その多くは原版で、また1500年以前に印刷された貴重な書物も70点ばかり含まれている。内容も思想伝達、言語、哲学、心理学、文学や歴史など広い範囲にわたっている。さらに辞書や百科事典など個人の所有としては最大だとのこと。

　大英百科事典も初版物だと彼の蔵書を買い取ったカリフォルニア大の学長の感激のことばを記した文書が残っている。これら貴重な

I章　オグデンとはどんな人物　　23

本や彼の書いたものはベーシックなど関連の文書などと共に後にいくつかの大學図書館に買い取られて大切に保管されている（5章参考）。つまり彼の家は貴重な本の宝庫だったのだ。

オグデンの生活

　さらに残されている手紙の信じがたいほどの量にもただただ圧倒されるばかりである。忙しいはずの彼がこんなに多量の手紙のやり取りをしていたとは本当に驚きである。現在のようなコピー機などのない時代、大量の発信の写しを取ってちゃんと残していること自体信じられないようなことである。受信したオグデン宛ての手紙は当然全部保存されている。これらをきちんと保存しておいたことも驚きと共に感動である。これらの手紙から多くの人との付き合い、彼の考えなどがよくわかり大変貴重な資料である。書簡に関しては特にその多くがカナダのマクマスター大学に整理されて保管されている（5章6参考）。

　それにしても莫大な量の本を読み、莫大な量の書きもの、手紙まで一体何時したのだろうか。『意味の意味』を書いている頃も、ロンドンで編集などの仕事を終えてから最終列車でケンブリッジの家に帰り、夜中の1時頃から明け方の4時、5時まで一緒に執筆の仕事をしたと共著者のリチャーズは語っている[4]。オグデンは大体ベッドに横たわって文字を書き、リチャーズは歩き回りながら考えを口に出していたという。

　また本が出来上がり校正の段階にはいると、彼の広い部屋の壁一面に校正刷りが最後に本になるまで貼りめぐらされていて、一目で眺め渡して校正ができるようになっていた。2人は丁度問題にしている個所の貼ってある場所へと椅子を動かして移動したとのこと。

部屋にはバナナやビスケットなどもちゃんと置かれていたし、ココアを沸かす簡易コンロもあったという。

　先ほどの部屋の描写をした友人はそれに続けて次のように言っている。オグデンは "slept in the morning, got under way by mid-afternoon, and really blossomed at night"（午前中寝て、午後起きて活動し、夜間まさに花開いた）、つまり夜中に研究、執筆などに専念したのだ。この常人とは異なる生活リズムも彼の良識に基づいていたのだろう、夜中は街中も静かで、仕事でも客のもてなしでも昼間よりは適しているから。

　彼の莫大の仕事量についてはまさに不可思議、神秘的とまわりの人々もみな感嘆しているが、彼特有の効率的な時間の使い方、また同時に別々の働きができるまれな才能を持っていたのだろうと思われる。心の中に仕切りがあって、たとえまわりがどんなに騒がしくても、読み書きに熱中できるとか。それにまれにみる集中力があって、短時間に他の人の何倍かの仕事ができたのだろう。誰でもこれはうらやましいと思う。

　時間のやりくりのなぞとともに、もう一つ初期の友人仲間で神秘的と思われたのは彼の財政的なやりくりだった。本の印税もとどこおりがちだったし、そのわずかの印税も自分が編集している雑誌などに回していたと言うのだから。それなのに信じがたいほどの高価な本を沢山買い、家も何軒か所有していた。

　多分彼は市場のセンスにもすぐれていたのだろうと友人らは言っている。そして実際、ベーシック関連にとって戦後の経済的にきびしい時代、彼の貴重書の売買は大きな利益をもたらした。お金もうけも彼の何でもできる驚くべき能力の一つに過ぎなかったのだ。友人の一人はオグデンのシリーズ物で出してもらった自分の２冊の

本の題名をオグデンが提案するように変更したら、その結果前よりよく売れるようになったと喜んでいる。

　好奇心旺盛な若い友人たちは「オグデンの収入源を調査する会」という秘密めいた結社を作った。彼らの調査の結果から、オグデンは親からの財産は受けていなかったとか、アメリカの大金持ちから財政的援助を受けていたなどわかったようだ。真偽のほどは不明である。オグデンは1926年とさらにその翌年アメリカを訪れているが、それも金持ちのアメリカ人からの招待だなどと彼らは報告している。事実はアメリカの言語事情をよく知ることなどきちんとした目的があった。

オグデンの家とは

　彼の家について言えば、ロンドンには6軒もの家を持っていた。友人たちはそれぞれの家にオグデンらしさがあったといっている。戸棚が続いている2軒家については、友人たちと一緒に帰ってきて、玄関からGood-byeと言って一旦中に入って、またさっと隣の家の入口から出てきて友人たちを驚かせたりもした。またある家には見事なラセン階段があって、ホプキンズのリズムの原理を示しながら朗誦するのにこの階段は立派な共鳴器として役だったとか。

　これについて土居光知は『英語青年』(1951) 5月号で1936年にオグデンの所を訪れた時のことについて次のように語っている。夜10時過ぎにこの石造りの家の5階まで続く階段の途中でオグデンが真っ暗の中でホプキンズの詩をいくつか朗読してくれた。夜中静まり返った中で彼の美しい声が響き、あちこちからこだまが彼の声に混ざって聞こえてきたのに感動した。ホプキンズの詩にはエコーが大きな要素だったことを思い出し、その場所、その時間を選んだ

オグデンに感激した。疲れを知らない彼の精力、記憶力、微妙な趣味などに感心して、さらにこの夜のことから彼が作ったベーシックにはまだ自分たちの分からないようなすばらしいところがあるだろう、ただ簡単で学びやすく、わかりやすい以上のものがあるはずだと改めて考えたと。

　またある家の正面ドアの脇には何枚ものシンチュウ板がかかっていて、一枚一枚にベルを押すボタンがついていた。それぞれオグデンが研究所、編集所、クラブのどこにいるかを知らせていた。ある薄汚い家は事務所として使われていたし、また後には馬小屋と広い庭付きの大きな家も買った。家族もいないオグデンが一人で住むのに、こんなに何軒もの家を所有したのはなぜなのだろう。莫大な量の本や収集品を置くスペースを確保するためでもあったのだろうか。

オグデンの知識

　オグデンのまわりには様々な分野の知識人が集まり、彼はその人たちからいろいろな知識を吸収、消化していた。7つものクラブに所属し、多くの人とのおしゃべりを楽しんだ。つまり彼は本からでも他の人からもいろいろな情報や知識を吸い取る超人的能力をもっていた。ベーシックの考案についても多くの分野の人々に問いただしながら、それらを参考に作ったはずである。彼の貢献はまさに中央に位置して、知的友人たちの幅広い才能を吸収してそれらを融合することだった。

　リチャーズもオグデンが知的友人たちの才分を吸収して自分の才能に結びつける特殊な技に感嘆して例をあげている。オグデンがあることについて知りたいとすると、それをよく知っていると思われ

る人にその話を切り出し、朝の3時頃までその人に話を続けさせる。その人は自分がよく知っていることなので得意げに話をする。その頃までにオグデンは知りたいと思っていたことすべてを知り尽くし、その知識を完全に自分のものにして自由に使えるようになっていたという。彼のなし遂げたすばらしい成果は、彼の興味、機敏さ、幅広い人々や本との付き合い、彼自身のエネルギーとこんな技も相まって可能になったものと考えられている。

　この彼の多才さが、同じく多才なリチャーズとの共著『意味の意味』にも表れている。この書については3章5で扱うが、思想の哲学的背景を持ち、言語の考察にも心理学を導入した、さまざまな学問の中間的領域の研究である。その点で、伝統的学問の分野にとらわれる同世代の人々とは大きく異なっていた。幅広い分野の人々の仕事にも目をくばり、多くの重要な理論家の考えをまとめる融合が言語の研究に新しい基礎を与えた意味は大きい。

　オグデンのおどろくような博識ぶりを語る例がある。『ブリタニカ百科事典』(13版)の3冊の補遺についてある新聞社に頼まれて彼が書いた書評のことである[5]。「正当な批評は調書を重んじて、将来の改善という目的のためだけで欠点を述べる」と彼は述べている。補遺とは本文の訂正や追加をのせるものだが、いくら補遺と言っても百科事典の正当な評価、書評などよほど広くしかも深い知識がなければできるものではない。20頁ほどの書評の中に100人以上の人名を取り上げて、当然載せられるべきとか、他方のせる必要はないなどそれぞれ理由をあげて細かく述べている。固有名詞の綴りの間違えも2桁以上指摘したとのこと。

　それらは百科事典だから当然だが、考古学から経済、財政、薬学などあらゆる分野にわたっている。彼がいかに幅広く、奥行き深い

知識を持っているかがうかがい知れる。誰だってこんな仕事に挑戦しようとは思わないだろう。しかも彼は離れ業ともいえるこの仕事を *Forum* 編集の合間にその事務室で、お仲間としては一羽のオウムだけで２、３晩のうちに書き終えてしまった。しかも彼は楽しんで書き、また読む人たちにも楽しめるようにしたという。彼はとても楽しんで書いていたので、その陽気の絶頂期にたまたま来た人は、だれでもそれを読み通さざるをえなかったほどと言われている。

　結果としてブリタニカ出版社は彼の書評ののった新聞を売り場から出来るだけ早く買い取ってしまおうとしたとのこと。せっかくの補遺も多くの間違いを指摘されてしまったのだから。なおオグデンのこの百科事典的知識はベーシックという画期的な考案とも深く結びついていただろう。語を減らしていく過程で、彼自身も協力者たちと共にあらゆる分野の文章を実際にベーシックに訳してみて、全くの専門は別にしても十分に自然な表現ができるかをきちんと確かめたとのことだから。

改めてオグデンとは

　ここまで見てくるとオグデンとは冷静で、すばらしい頭脳の持ち主で、知識の塊のような印象を受けるかもしれない。でも彼は音楽も詩も愛好していた。彼の友人たちは口をそろえて彼の性格について次のように語っている。彼ほど他の人に対して役に立つことをしてあげる人はいないのではないか。彼自身の絶え間ない忙しい活動の中でも思いやり深い助けとなる友情に偉大な才能を実感すると。経済的に困る人には雑誌でも記事を書くスペースを何とかして開けてあげるとか、目新しく支払いのよい仕事を見つけようと努めるなどしてくれたという。

これほどの知識人がイギリスで軽視されているのは異常で、学問の世界での狭量さは理解しがたいと友人らはいきどおりを感じている。そして興味の幅が広すぎたこと以外にも彼が注目されなかった要因をいくつか挙げている。オグデン自身が社会的に表立つのを好まないこと、風変わりだったこと、専門的な学問とははなれていること。学問の世界でもあれほどすばらしい業績をあげながらアウトサイダーだった。

　オグデンは次章で見るように、ケンブリッジで大学卒業後も10年ほど討論の会や大学雑誌の編集に関わってきた。まさにケンブリッジの知的運動の中心人物だった。大陸の思想を積極的に紹介し、ケンブリッジの学問に新しい風を吹きこんだのも彼だった。そのような業績を実際にあげながら、彼の大学での肩書は研究費の出るby-fellowship（研究員補）に過ぎなかったし、正当に評価されなかった。

　また彼の高度の知的業績に対しては感嘆とともにある種の反発もあったようだ。ただ正当に評価されなかった一番の原因は、何といっても彼の業績があまりにも広い範囲にわたっていたことであろう。学問の世界で何でもできるという事は当時の英国では歓迎されない傾向があったようだ。19世紀後半から、技術の進化と共に一分野でも徹底的に把握することはむずかしくなってきたから。

　彼の特質はいろいろな分野の学問を融合することだったが、これは友人たちが指摘するように当時の学問の世界では逆に盲点だったかもしれない。彼の知識の多様性は理解されにくく、むしろ次に語るように「異常、変人」として見られたようだ。現在では学問の世界では彼の時代に比べて専門はますます細分化して来たが、他方学際的研究の必要性も高くなってきた。ここにもオグデンの先見性が

みてとれる。現在なら彼の評価も違っていただろう。その意味で彼が生まれたのは早過ぎたのかもしれない。

2 奇人とも言われる風変わりな人物

彼の友人はオグデンの死後 "An English Eccentric"（英国の奇人）という題で彼の思い出を書いている。その最後に「もし『現代イギリスの偉大な奇人たち』という本を書くとしたら、真っ先にオグデンを持ってこよう。これは頭の中で考えているだけだが、とても楽しい本になるだろう」と述べている。オグデンは前節で述べたように博学多才でさまざまな分野ですばらしい仕事をなしとげたが、他方変わり者という点でも目立っていた。

彼の奇行については仲間内でもいろいろ伝わっている。学生時代には片端にバルブがついて赤くなるにせのタバコをふかしたり、バーナード・ショーのしゃべるのを逆からレコードに録音したり。ただ一見気まぐれにとらえられたこれらも理由がなかったわけではない。にせのタバコについては健康上タバコが吸えなかったが、スモーカーたちと話しをするのに仲間意識を作るためだったとのこと。逆からの録音も語のアクセントなど音の性質を分析する目的があったのだ。また飛行機のモデルも沢山収集したが、これも国際空軍が世界平和に貢献できると信じたからとのことだった。

彼が集めた骨董品の中には普通の英語では反応がなく、ベーシックで頼んだ時だけ歌うという珍しい小鳥の置物があって、これには友人たちも驚いたが興味をそそられたと言っている。そんなものが本当にあるなんて信じられないような話である。確かに彼が集めた品物は一般の人には奇妙なものと見えただろうが、彼にとっては理

にかなっていたのだ。

　もっと信じられないような話をリチャーズは語っている[6]。英国にある円状の巨大な石柱群、ストーンヘンジをオグデンは買い取ろうと真剣に考えていたとか。あんな大きなものを買い取って一体どこに置くのか、どんな使い道があるのか、何のために買おうとしたのか、どうしようと考えたのか見当もつかない。ちなみに現在ここは世界遺産に指定されていて、小石一つ持ち出せない。また自然より人工的なものを好み、オゾン発生器とかを部屋に設置したりした。海岸の新鮮な空気を発生すると信じ、海辺への転地気分で仕事が出来ると思ったのだ。

　またオグデンはGaga（夢中のとか狂人の意味もある）ということばに関する遊びを考えた。これはベーシックで書かれた *Brighter English*（1935）の最後に "The Art of Making Sense（意味が通るような技）—Gagagram" との題名で記されている。何らかの句読点がないと普通の文脈では意味をなさない、認められないような語のつながりである。その連続したものをGagagramと言う。普通の文で2つの語が一般には並ばない、意味がなくなるような順序にする遊びである。例えば、She gave me a helping *hand one* morning。She took *one with* coloured pictures。But *to requested* questions, there is a ready answer。など。その他いくつも例文を上げている。

　それぞれの文で斜体の2語をつなげれば意味は通じない、hand one とか one with など。ただ2語を切って文を考えれば「彼女はある朝私を助けてくれた」、「彼女は彩色画が付いたのを一つ取った」、「でも要求された問題には答が用意されている」と意味はつながる。これは単なる遊びだけではなく文脈理解に役立つと述べてい

る。彼は文法家にとってこの技術はことばについての新しい事実を発見する道具になるだろうと考えた。確かに「ことばの遊び」としてこれは面白いけれども、一般にはやはり思いもつかないことである。

オグデンの筆名

　オグデンは秘密主義で、自分をかくそうと論文などにペンネームをよく使った。T.L. というのは The Limit 我慢できないほど腹立たしい人という意味とか、CM は自分が編集していいた *Cambridge Magazine* の名前である。中でも一番好んでよく使ったのは Adelyne More アデライン・モアという名前で、筆者が数えてみただけでも 40 回以上あった。雑誌の記事だけでなく『多産対文明』という本にまで使っていた。

　この筆名は 'add a line more'（もう一行つけ加える）をもじっている。近くにこの名前の町があったからだろうとも言われている。実はオグデンには同性愛的傾向があって、女性の名前を使うことでそれを具現化したのではないかという見方もある。先に述べた一軒の家のドアについた名札の一つに More というのもあったとのこと。

　彼は興にのってアデラインという架空の女性を秘書に仕立てた。もっともらしくするために、彼女が教会で海軍軍人と結婚したと通知を出し、白いドレスのこの秘書の結婚式の写真まで公表して上記の本にのせた。結婚して彼女を一旦は秘書の職を退かせようとしたが、その後も自分の代わりに Adelyne More の筆名で雑誌などへひんぱんに文を書かせ、第 2 の人生に送り出した。オグデンは興にのって 3 つ子の誕生まで発表しようとしたが、それは余りに行き

過ぎとリチャーズは止めたと語っている[7]。

信じられないような話

　その他にもリチャーズはオグデンの面白い側面をいろいろ紹介している[6]。オグデンは夜の3時ごろちょっとした脇道の仕事というか楽しみに時間をさいていた。超心理学もその一つだった。ある春の朝2人が散歩をして教会の脇を通っていた時、たまたま何年も会っていない古い共通の友人のことを口にした。するとオグデンは「そうだ、だれか言っていたな、彼がいるところは…」と言って急に口をつぐんだ。

　その時教会の大きな壁と壁の間でパリパリの小さい紙片がくるくると舞っていた。彼はその紙片が舞っていくのをさっと飛び上がってつかまえた。そこには手書きで Pernambuco とだけ書かれていた。それはブラジルのある州の名前で、まさにオグデンが言おうとした友人のいる場所だった。リチャーズの驚きはどれ程だったろう。本当に信じられないような話である。以後2人は偶然の一致を「ペルナンブコ」と言って楽しんだとのこと。

　後にリチャーズがオグデンの思い出を最初に文にした時、リチャーズはアルプスにいて、送られてきた校正刷りを受け取った。そのタイトルを見て彼は座っていた橋の手すりから危うく落ちそうになったという。というのも I.A.Richards:"Some Recollections of C.K.Ogden"（オグデンの思い出）となっているはずが、C.K.Ogden: Some Recollections of I.A.Richards"（リチャーズの思い出）と逆になっていたのだ。こんななぞめいたことばのいたずらをするのはいかにもオグデンらしい。もちろんことの次第ははっきり推察できたが、リチャーズは思わず「またペルナンブコだ！」とつ

ぶやいたとのこと。

仮面

　こんな友人仲間の間でのユーモラスないたずらはともかく、彼は表立った場でも人をあっと言わせるようなことをした。第2次世界大戦中1943年にチャーチルはハーバード大学で名誉博士号を受けた。その授与式の講演で英米の協調を問題にした。そこでベーシックの簡素化が2つの国を結ぶ役に立つだろうと訴えた、共通の言語が共通の市民権の基盤になるとして。そして政府としてもベーシックを支持する旨を告げた。これはオグデンたちにとって思いがけない喜ばしいニュースだったが、同時に英国の政府が支持するならとそれまで援助してきたアメリカのカーネギー及びペイン財団の基金が打ち切りになるなどマイナス面もあったが。

　ともかく直後からラジオや新聞で彼の名前が突然世界各地に広まった。それまで全然知られていなかったが、ベーシックを作ったオグデンとはどんな人物かと急に関心が寄せられて、彼の元には報道人が押し掛けた。その報道陣とのインタビューで、彼は異様な仮面をかぶって現れて人々を驚かせた。しかも一旦部屋から出て、今度はドアとは思われない本棚の隙間からまた別の仮面をつけて出てくるというパーフォーマンスまでしてのけたのだ。

　その写真は *Picture Post* 紙（1943/10/23）に載った。大きな中折れ帽をかぶっていたが、それは大衆殺人者などに好まれたものだったとか。全体の印象はきわめて不気味だ。その写真を見て筆者自身もその不気味さにぞっとした。秘密主義のオグデンが唯一世界から注目を浴びる絶好の機会になぜそんな奇妙な仮面をかぶったのか理解しがたい。自分を目立たせるというより、自分を消すという考え

だろうか。ベーシックそのものから自分自身に注目が行くことを避けたのだろう。それにしても何もそんな異様な仮面をかぶらなくてもよいのに、一般の人には考えられないことだ。

　オグデンのさまざまなコレクションの中には仮面がたくさんあったと言われている。しかも驚くほど奇妙な気味の悪いもの、恐ろしいもの、中には身の毛のよだつようなものまであったとか。彼は人と話すときも自分が仮面をかぶったり、時には相手にもかぶらせたりしたそうだ。ただ相手にしても突然こわいような仮面をかぶせられたりしたら、どんなに不気味だったことだろう。それは「人としてではなくアイディアとしてしゃべれるし、相手にかぶせるのも、相手を消して話している内容、考えだけに耳を傾けられるから」と理由を説明している。

　彼にとって個性とはフィクション、目には見えないものだが、ことばによって実体が与えられると個性はことばの意図している伝達を妨げることにもなる。そこで仮面によって表面上の個性を消すことでことばの意味がよりはっきり伝わると考えたのだろうか。オグデンにとって仮面は単に風変わりの習性ではなく、『意味の意味』やベーシックとのつながりもあるとの考えもある[9]。それなら目を閉じて相手の言うことを聞けばよいのになどと一般人なら考えてしまうけれども。

　仮面はさらに音声実験ともかかわっていたとか。1930年代の末頃、一日の仕事が終わった午前2時ごろからの楽しみは新しい観点からのリズムの研究だったとか。先にも述べたように彼は特にホプキンズの詩の研究に夢中になっていた。ラテンなどの古い詩の朗読は普通の部屋では効果がない。古いリズムの、特に宗教にかかわる詩の朗読には石造りの建物で、ローマやペルシャの音の調べは明

るい光の中で真顔では奏でられない。そこで光の科学の助けで、また顔もそれぞれの詩にふさわしい仮面をつけて変えられる。*The Basic News* No8 の 'Change of Face' にそれらが語られている。またそこにはオグデンが犬の仮面をつけた写真が載って、それは dog Latin（変則ラテン）の詩のために特別に作らせたものと説明されている。

　このような奇行も神秘性も世間には認められない要因の一つだったろう。オグデンはいつでも自分をかくす、さらけ出さないようにしていた。仮面も筆名もやはり自分をかくすためでもあったろう。彼のまわりには有名な人々もたむろし、友人もきわめて多かった。人付き合いはよかったが、友人たちとはできるだけ別々に会っていたと言われている。

女性との付き合い

　オグデンは婦人参政権や産児制限などを支持する記事を雑誌に書いたりした。また女子学生、女性教員らの地位の不平等な扱いを公にし、また討論の会にも大学側の意向に反して女子も同等の会員として認め、雑誌への寄稿も男女同等に扱かった。これらは当時にしてはまだ目新しいことだった。3章のベンサムの所で言及するが、彼が大きな影響を受けたベンサムは同性愛がまだ絞首刑という時代にそれを弁護するような文を書いていた。オグデンはベンサムの原稿の中からそれらの文書を探し出して編集して論文にまとめている[7]。100年後の彼の時代でもそのような問題を発表すること自体はすごく勇気のいることだったに違いない。

　ともかく彼自身は終生独身だった。人の何倍かの仕事をして忙しく女性と付き合う時間的ゆとりはなかったのだろうか。また人並外

れて強い意志を持ち、変人でもあったので当然かもしれない。ただマジョリートッ・トッドという女性が1977年に出版された彼の思い出の記の中で「信じがたい交友関係」という題の文の中でオグデンとの付きあいについて詳しく書いている。

「信じがたい」というのは、彼女はオグデンのまわりのいわゆるアカデミックな友人たちとは異なり、貧困家庭に育ち中学までしか出ていないような娘だった。1927年頃彼女が21歳の時、たまたまパブでオグデンと彼女と二人は出会った。友人が紹介するとオグデンはすぐ彼女を食事に誘ったという、よほど彼女を気に入ったのだろう。ロンドンにいる頃は週に何回も彼女と食事を共にした。食事の後、彼女を表口から出させ、彼は裏口から出て、2人で落ち合ってケンブリッジの彼の家にまで行った。彼女との付き合いを他の人には見られたくなかったからだろう。彼の家で2人は夜3時過ぎまでしゃべったり飲んだりして楽しかったという。その後彼女は寝たが、彼は寝ないで仕事をしていたようだと語っている。

オグデンが丁度ベーシックを作っていた頃で、彼はさまざまな人の語彙を調べていた。彼女にもいろいろしゃべらせ、年の割に語彙は豊かだと告げた。彼は彼女が 'original Basic English girl'（最初のベーシック娘）になるべきだと真剣に考えた。彼女にベーシックのことをよく説明し、ベーシックを学ぶように本も何冊も送ったけれども、彼女はベーシックには興味がなかったらしく真面目に勉強しなかった。それでも貧しい彼女のために少しでも良い仕事を探してあげた。付き合いは何年か続いたが、彼女が結婚したと知らせるとオグデンは急に顔を曇らせ、以来彼女をすっかり見捨ててしまった。彼女への愛情が強かっただけにその知らせは不快だったのだろう。だが十数年後彼女が夫と別れたと知らせると、手紙ですぐ来る

ようにと伝え、付き合いはまた始まったとか。

好き嫌い

　オグデンの好き嫌いは激しかったようだ。出版社との手紙のやり取り（2章3及び5章2参考）でも、かなり強硬に自分の主張を通そうとしていた。また自分の意向に反する人、特にベーシックに関しては極めて頑固だったようだ。日本の英語教育にかかわったパーマーもベーシックに批判的だったのでひどく毛嫌いし、気の許せる友人に手紙でひどい悪口を書いている。パーマーは自分もベーシックの本を書きたい、特に日本の英語教育にベーシックを応用して普及に協力したいと申し出たが、オグデンは何だかだと言い訳をつけて協力を拒否した。

　ウエストらは1934年小冊子にベーシック批判を書いて出した。全部で25項目にもわたって細かく反論している。850語と言っても意味の拡大や複合語などなど含めれば4,000語くらいになるとか、必要な語が入っていないなどなど。オグデンは翌年それに対して4倍もの200頁以上の反論、*Counter Offensive*（反対攻撃）(1935)という題の本を出した。彼らの小冊子には確かにベーシックについて誤解もあるが、オグデンはほんのこまかい誤りも決して許さずにそれを取り下げるよう求めた。ウエストらは結局小冊子の配布を回収した。その他何冊もの本の中でのベーシックについての誤りの記載にも同じで、出版社当てに本を回収するようになどとかなり厳しい手紙を書いている。

　オグデンのこの本はウエストだけでなく他のベーシック批判にも対するものだった。非難している人たちの共通した誤りはベーシックを一つの組織としてではなく、ただ850の制限語彙だけと見た

1章　オグデンとはどんな人物　39

こと。「850語」だけが一人歩きしていたのだ。ともかくオグデンの反撃の本はウエストの誤りだけでなく、ベーシックについて詳細な解説書とも言えるようなもので、反撃の合間にはことばの魔術についてなどベーシックについて語っている。彼の Counter という題名自身ウエストらが頻度順で語を数える、count するとの皮肉が込められている。

　オグデンの仲間たちは、こうした非難にもベーシック考案者としてもっと悠然として無視しておいた方がよかったのではないかとむしろ批判的である。この本には少々異常さを感じるほどだが、ベーシック完成まで考えに考え抜き、絶対的自負があったからだろう。ちなみにエスペラントの作者ザメンホフはいくつかの文法規則と基礎語を示してエスペラントを「みんな」で育てていこうとした。少しくらい間違った説明にも何も言わなかったとのこと、良し悪しは別にしても対照的である。

　意見もかなり一致し、一緒に本を書き、ベーシック考案に最も深く関わったリチャーズとも 1940 年ごろからベーシックに対する考えの違いから仲たがいをした。オグデンは練に練って作ったベーシックを変更する意思は全くなく、生涯その普及に努めた。他方リチャーズはベーシックを高く評価したが、それを英語教育へと応用した。またベーシックへの抵抗を少しでも減らして広く普及しようと語を増やし、ゆるやかな near Basic（Every Man's English）を考えた。その near Basic を使っての活動をオグデンはどうしても気に入らず、リチャーズにひどく辛辣な手紙を書いている。二人の間には多くの手紙が残っているが、実際に読んでみると、どうしてもオグデンの方がひどすぎると感じた。

奇人ではあるが

彼の死後、報道関係などには彼のことについて 'eccentric'（風変わりな、常軌を逸した）とのことばがよく使われた。「奇人という偉大な伝統の最後の人」と呼ばれたが、死亡記事は概して好意的、愛情に満ちた口調だったと友人らは見ている。親しい友人は次のように説明している。オグデンは非常に細かいところまで高度な精密さで知性によって抑制されていた。ただ一般の人が言い訳などで自分を囲みこむ自衛本能に欠けていた。それと彼の風変りさは他に迷惑をかけるわけでなく、自分だけ並みとは違うという意味である。また一見常軌をはずれているようでも考えの道筋は首尾一貫していて、人の道はきちんと守っていたという。

彼はもともと表立ったことが嫌いで、有名人になるのに必要な宣伝能力に欠けていた、というか宣伝などしたいとは全く思わなかったようである。ただこのような彼の態度もすばらしい業績が評価されなかった理由の一端だったのではないかと思われる。秘密っぽく、神秘的で近寄りがたい性格も災いしたかもしれない。このようなかたくなな性格がベーシック進展にどう働いただろうか。もう少しうまく立ち回っていたら、ベーシックもまた少しは違った道をたどったかもしれない。

とはいっても個人的な性格が彼の業績をくもらすようなことはない。オグデンは確かに天才と言える。天才は夢を実現する。一般の人と違って彼は左脳でなく、右脳を充分に使っていたのではないだろうか。右脳こそ自由な発想の展開を生み出すのだから。一般には不可能と思えるような、また理解しがたいことも彼は成し遂げたのだ。

ある友人はオグデンを『種の起源』を書いたダーヴィンと比べて

みたくなると言って、その類似性をつぎのように指摘している。ダーヴィンの広大な重要性も生物学だけでなく、20世紀思想の発展全体に及んでいる。彼のこの重要性は目の前にあるものを実際に見て、そこからじっくり思慮深く結論を出す能力に由来している。ゴッホもこう見えるはずと考えたものではなく、実際に見たままの木やトウモロコシ畑などを描いて観察について教えている。ダーヴィンはその能力を化石に、ゴッホはトウモロコシ畑に適用した。同じようにオグデンは実際に使われていることばを観察してそこから理論を引き出した。オグデンらの『意味の意味』はダーヴィンの『種の起源』と同じくらい将来に大きな影響を持つ作品だと結論付けている。

2章 オグデンの人生とは

　前章でも述べたようにオグデンはまれにみる博学、多才で知識欲も旺盛、その反面奇人と言われるような変わり者でもあった。そんな彼は実際どんな仕事をしてどのような人生を送ってきたのだろうか。その生涯を振り返ってみよう。彼は信じられないほど多くの物を書いてきたが、自分自身についての思い出などは何も書いていない。むしろ、自分のことはできるだけ知られないようにしていた。大学に入ってからのことはまわりの友人たちがいろいろと語っているし、特に最も親しくかかわったリチャーズは彼についての思い出をいくつもの小論や記事に書いている。それ以前についての唯一の手がかりは財団宛てに自身のことを書いた文書による[1]。

1 ケンブリッジ大学時代

　オグデンは1889年イギリスのランカスシャーで生まれた。父は寄宿学校の舎監をしていて、彼自身は私立学校でおじから教育を受けた。このような教育熱心な環境からか、幼い時から学業は群を抜き、その他ピアノ、ゲーム、チェスなど何にでもすぐれていた。自分でも5才の頃から何でも得意だったと言っている。中でも運動が好きで、陸上競技にも秀でていたし、特にサッカーがすぐれていたとか。ところが16歳の時にひどいリューマチ熱にかかって2年ほどベッド生活を強いられた。この病弱のため第一次世界大戦の時も兵役を免除されていた。

オグデンはこの病気のために運動選手の道をあきらめて勉学へと方向を転換して、ケンブリッジ大学の奨学金を獲得した。もしこの病気にならなかったら運動面で活躍し、スポーツ選手の道を歩んだかもしれない。そうしたら彼の人生も全く変わって、ベーシックも生まれていなかっただろう。人の一生とはちょっとしたことで、自分だけでなく世の中全体にも大きくかかわることがあると痛感させられた。それでも彼はオックスフォード対抗のビリヤード試合には選手として出たとのこと。

大学入学

　1908年ケンブリッジ大学のモードリン・カレッジに古典学の奨学生として入学、1911年には古典学の優等卒業試験を一等賞で終了した。当時大学にはムーア、ラッセル、ヴィッツゲンシュタインなどが研究に来ていて、大学としても活気のある時代だったと言われている。彼は大学では「ギリシャ語のギリシャ思想に及ぼす影響」を専門に研究した。このテーマは後にギリシャ語を超えて言語一般に広がっていって、彼は「ことばが人の考えに影響する」という問題に真剣に取り組むようになった。

　特にあいまいな、また誤ったことばの使い方が人の思考をくもらせる「ことばの魔術」word magic に深い関心を寄せた。これは彼の生涯を通してのことばに関するキーワードとなった。『意味の意味』でもこれは2章の中核となったし、ベーシックはそれに対する実際的な解決法でもあった。大学1年のころすでにこの問題をいろいろ調査、研究して自分の考えなどを100頁ほどのノートにまとめていた。このころから時間と勢力のかなりの部分をことば一般、そして国際共通語の問題などに捧げてきた。ベーシックの基と

なる語数を必要最小限にへらす原理についてもそのごろからすでに一部テストを始めていたと彼自身語っている。

オグデンとも長い付き合いになるラッセルはその時期ホワイトヘッドと共著で『数学原理』を著している。その中で数学をごく少数の primitive idea 原始的な考えにもどし、それですべての命題が打ち立てられるという考えを示した。数学でも他の科学でも定義は出来るだけ少数のまだ定義されてない用語から始まると。当時大学内ではこの考えに湧いていた。科学のことばも少数の用語で表せるというこの考えはオグデンにも大きな影響を与え、ベーシック考案への一つのきっかけにもなったはずである。ラッセルとのかかわりについては3章2で詳しく取り上げる。

ウェルビー夫人との付き合い

オグデンは当時、ウェルビー夫人（Lady Welby）（1837～1912）との接触があった[2]。彼女は一人で40年も研究を続けて、1890年代に significs（記号とそれが示す対象との関連）と名付けた学問を創設していた。これはことばと概念との重要性に基づく科学で、意味論と記号論を合わせたような学問と教育方法だった。特に言語の混乱、落とし穴に気づいてそれを避けるように意識的におさえることを目指していた。20世紀初めになってこの問題がはっきりした形をとり、重要な段階に入ってきたが、これは彼女の影響が大きかったと言われている。

オグデンは彼女の本を何冊も読み、彼女の考えがこの学問の夜明けの要因になっていると信じて、一時期彼女の仕事にすっかり夢中になった。1910年から熱心に文通を続け、彼女の家にも招かれて、豊かな文献を提供された。ウェルビー夫人としてもその頃は70才

を超えていて、長年の自分の研究が世間からはあまり注目されず、むだに終わるのではないかと気がかりだった。そこで後をついでもらえるオグデンとの付き合いは喜ばしいことだった。

　文通を初めて3カ月もしないうちに彼は講演会で彼女の仕事について紹介した。彼女の長年の辛抱強い研究が、どれほどことばの使い方の混乱の問題をはっきりさせたかオグデンは熱っぽく語った、しかし聞き手たちの反応は彼の情熱を裏切るようなものだった。彼の手紙には彼女の仕事を続けることの重要性、それにはっきりとした称賛の気持ちが表れていた。オグデンは実質上彼女の後継者となっていたが、一年ちょっとで彼の熱もさめて続いていた文通も2年ほどで終わっている。原因ははっきりしないが、彼女のキリスト教的な含みを避けたとも言われている。ただ彼女から多くの関連の資料などをもらい受け、また彼女との交わりが彼の考えに大きく影響して、「ことばの魔術」の研究にはげみをつけていたことは間違いない。

ヘレティックス討論会

　オグデンは大学2年の頃、宗教を自由に論じ合うヘレティックス（Heretics 異端者の意味）という討論の会を友人たちと立ち上げた。これは当時大学側が教会への出席を強制したのに対抗して作り上げたものである。伝統的な権威に反対して、すべてをうたがって合理的、科学的証拠を確信させるというのが最初の方針だった。最初は幹事、翌年からは会長として講演者を選ぶとかプログラムをたてるなど運営の仕事を在学中から卒業後もずっと続けて、12年間この会と深くかかわった。3時間に及ぶ講演、討論を300回も企画した。

ただオグデンは本来恥ずかしがり屋だったので、議長として表立って議案を出すとか、講演者へのお礼のことばを述べるようなことは好まないであくまでも裏方に回った。この会は彼がいなかったらこれほど発展しなかったろうと言われている。もっとも彼自身にとってもこの会は大きな役割を果たした。つまり実際の討論の場における話しことばの使い方を裏側にいて調べるという目的もあった。ことばによる説明、論争などのあやまりを最も有利な観点から研究できたと彼自身末公開文書に書いている。

　この会は後に話題も宗教だけでなく、政治、哲学、文芸、科学など当時論争に選ばれそうな題目はすべてカバーし、幅広い分野に広がった。この話題の幅の広さ、多様さが多くの人々をひきつけて、それがこの会の長く続いた要因でもあった。彼の人脈の広さから国の内外を問わず、有名な思想家たちも招かれ、名誉会員としてラッセルの他に、バーナード・ショー、ムーア、ケインズなどが並んでいる。ショーは宗教の将来について、ヴィットゲンシュタインは倫理学について語った。後にはバージニア・ウルフなど文学者たちも招かれて話をしている。

　話題はその他ヒンズー教、プラグマティックス、美学などさまざまで、オグデンにうながされて風変わりな気まぐれのものもあった。奇妙と言えば、オグデン自身のある日の話題は次のような信じがたいものだった、「死後の精神病の表現不能な不可解さ」とか。一体どんな話だったのか、全く見当もつかない。また彼はここでも先に紹介したウェルビー夫人の significs の原理とその応用について取り上げて、「彼女のあくことのない探求がついにことばの使用における混乱の原因をはっきりさせた」と述べている。オグデンは情熱をこめて語ったけれども、significs なんて用語を聞くのも初めて

だった人々の反応は、彼の情熱とは程遠くそのため彼はすっかり失望してしまった。

　オグデンはどういうわけか著名人にも顔が利き、有名人とも如才なく付き合っていた。また同世代の学生たちも気楽に会に誘った。この会は大学の大きな部屋で有名人の講演を聴き、他方日曜の晩には本や紙で一杯になっている彼の部屋で会員同士のこじんまりした自由な討論会が行われた。正規の講演と自由に話し合えるくだけた集まりと、このバランスを取ったやり方はよく考えられていたと思われる。そのために幅広く学生たちをひきつけた。

　この会は時には大学の他の会とも合同で集まることもあった。彼は会長として10年つとめたが、会はその後も1932年に解散するまで将来の作家や思想家たちに知的興奮を与え、正統ではないと思われていた考えも受け入れられるようになった。学部学生の会としては珍しく20年以上続いた。オグデン自身大学での生活と思想にとってこの会は大きな部分を占めていたと自ら語っている。

　将来の思想家たちはこの会での新しい考え方も受け入れ、信じがたいほどの知的刺激を受けて自分たちの知恵としたことだろう。いずれにしてもオグデンの会を運営する能力と彼自身の存在がなければ、このように続けてのプログラムは危ぶまれたはずだ。大学には他にもいろいろな会があったが、これほど成功したのは初めてで、それもオグデンのおかげと仲間の者は喜んでいる。会員もどんどん増えて、2、3年後には200人以上となった。参加者の一人はこの会は自分にとって人生への見方を形成し、その後の自分の行動の基盤になったと述べている。当時女性には付き添いが必要という大学の規則も彼はうまくかわして、他のカレッジの女子学生も出席できるようにしていた。

その他の社会的活動

　オグデンはこの時代、ヘレティックスの会以外にもいろいろな面で活躍していた。彼は別に特別な政党などに属していたわけではなかったが、社会改革、特に労働者の教育などの問題に熱心で、労働組合の活動にも興味を持った。特に労働者が産業の管理に加わっていないこと、労働者の仕事に教育の問題が欠けていることなどを取り上げて非難した。後に述べる雑誌とか書評でもこのような問題をしばしば扱った。上からの要求に従うだけでなく、労働者たちも政策決定に参加すべきだとか、また賃上げ要求などまで提起した。

　また教育問題にも大きな関心を寄せてフランス、イタリアなどに行って実際に状況を調べた。また大学から派遣されて1914、15年と2回ドイツを訪れて産業と教育施設を視察した。ドイツでは働きながら教育を受けられる学校があって、彼はこの制度に深く感心した。くわしく調べて論文や共著で『定時制学校の問題とドイツにおける成功した解決』にまとめた[3]。写真入りでイギリスの子供がぼろを着て新聞売りをしているのと、ドイツで技術工、印刷工、靴職人などになる教育を受けている子供たちを対比して示した。雑誌で職業教育の弱点を文部大臣に詳しく問いただし、結果的に彼はイギリスの若者が働きながら教育を続けられるように貢献したと言われている。

　1915、16年ごろには「工業疲労英国協会」の研究調査員にもなって、それについても論文を書いている。疲労の原因にはことばのあいまいさが大きな部分を占めていると主張した。彼は言語学者、心理学者としてこの問題を調べて、客観的な疲労と主観的な疲労を区別することが正しい理解のために必要だと考えた。以後精神療法、薬学についても一連の記事を書いているが、世界的に一流の薬

学権威者たちからも支持された。

リチャーズとの出会い

　後にオグデンと共著を出し、ベーシックの最もよき理解者でもあったリチャーズは3年後に全く偶然にも同じモードリン・カレッジに入学してきた。リチャーズは入学後しばらくして自分が専攻した歴史学をどうも気にいらなくて、何か別なことを研究したかった。そこで指導教官に相談すると、昼食の時話をしように言われて行ってみるとそこにオグデンもいた。教官は出ていってしまい、オグデンと二人で一緒に昼食をとりながら話し合った。オグデンはきれいな声で午後一杯専攻をどう選ぶかなど話してくれた。大学での科目がそれぞれどういう内容か、誰が教え、何故そういう学説を教えるか、どういう本を読むべきかまで詳しく説明して。オグデンは「君を納得させれば、君は考えを変えるかね」と言い、リチャーズはすっかり納得して、彼の部屋までついて行って倫理科学の初心者用の本を何冊かもらった。彼は以後それについて後悔したことは一度もないと述べている[4]。

　リチャーズは続けてオグデンについて次のように語っている。彼は当時古典学を専攻していたが、中途半端の状態だった。どこかのカレッジで講師なり研究員として雇ってくれないかと望んでいた。みんなは彼を疑いなく古典学の教授になるだろうと考えていた。信じられないような知性の持ち主だったし、何でも完全に記憶して、すべてのことにすぐれていたから。

　最後に、学生時代のオグデンの様子について仲間たちは口をそろえて次のように語っている。小柄で落ち着いていて地味な金髪、最も特徴的だったのはピンク色の丸々とした顔、温和ながら時に皮肉

っぽさをそれとなく伝える微笑、そしてピカピカ光る金縁の眼鏡をかけていたこと。風変わりの博識を小声で伝え、人をまごつかせるような説をそんな眼鏡の奥で目をキラキラ輝かして話してくれたと。

2 『ケンブリッジ誌』の編集など幅広い活動

ヘレティックスの会を始めて3年ほどたった頃、オグデンは大学の週刊雑誌にかかわるようになった。この雑誌の創刊号は1912年だった。彼が出版社から編集をすすめられた時、ちょうど優等生試験Ⅱ部に向けて勉強し始めた時で彼自身も迷っていた。まわりの人々からは当然学問の道に進むと期待されていたが、オグデンは研究者になるという道をあきらめてでも、この雑誌編集の機会は逃すべきでないと考えた。教師の助言もあって彼は雑誌の方を選んだ。より一般的なこの道を選んだことも、回り道ではあっても彼にとっては最終的に無駄ではなかったようだ。

雑誌の編集、その内容

1912年の創刊号にオグデンは 'Ourselves' という題でこの雑誌の方針と目的を無記名で書いている。この雑誌はあらゆる見解のどんな記事も歓迎して受け入れるという方針を宣言した。「超学問的なものでも競馬狂に近いようなものでも投稿は歓迎する」と読者の参加をうながした。ただどっちつかずのあいまいな態度は卑怯だと公然と非難している。編集はほとんど彼一人でしていた。ところが一年もしないうちに出版社がつぶれて、財政上の支援が出版社と共に消えてしまった。何とか雑誌を続けて出すために機転のきく仲間た

ちが基金を集めるという提案をして、3人で24時間内に100ポンド集め、また友人の一人が広告を探してきてくれたりして雑誌は何とか救われた。

じょじょに資金も集まり雑誌は少しずつ上向きになってきた。1部1ペニーで2年の間に何とか利益を出せるようにしたのは信じられないようなことだった。やがて当時同じような大学誌の中では最大の発行部数をとげた。オグデンは10年ほど編集を続け、その方針は完全に彼のやり方だった。彼の部屋での編集の集まりは陽気で楽しかったけど、実際の仕事はほとんど彼一人でやっていたと友人は思い出に書いている。彼自身もしばしば無記名またはいくつかのペンネームで論説や記事を書き、雑誌自体オグデン色が濃く出ていた。

初めは出来るだけ多くの学生の興味を引くように大学の行事やスポーツの記事まで含めた。当時学部の学生は金持ちの息子たちが多く、知的水準は余り高くはなかったといわれている。そのうち大学の上級生向けにアカデミックな記事が主となってきた。内容は哲学、心理学、文芸、宗教、芸術、美学まで広い範囲にわたった。彼自身が取り上げた問題も教育、国際問題、人口問題、音と光、劇場の色彩など幅広かった。オグデンが自分の署名入りで取り上げた題目は「国際報道」、「教育改革」、「外交政策」などだった。

重要だけど当時人気もなくあまり取り上げられない問題、フェミニズムとか労働問題、科学としての心理学なども含めた。また考えても実行できなさそうな問題、国際平和や教育改革など、さらには当時まだタブーだった産児制限、無神論の問題まで取り上げた。「産児制限」などということば自体がそれほど知られていなかったし、新聞などでもあまり好意的には言及されなかった。彼の"多産

対文明"という論文には"戦争原因としての人口過剰と女性解放の主な障害"という副題がついている。これは後に共著で『軍国主義対女権、女性と戦争の論集』として本になった。

　大学誌としては異例だったがハーディー、ベネット、ラッセル、ウェルズなど有名な文学者や哲学者もオグデンのために喜んで記事を書いてくれた。雑誌は大学内外の注目を浴び、大学の研究者たちからも裏で支持を受けていた。彼がこのような著名な執筆者を集めることができたので読者数もふえて財政も上向きになっていった。彼は討論会では話しことばについて学んだが、この雑誌では書きことばについて、また宣伝の技術など彼自身得るところが大きかったと語っている。雑誌で広い範囲の問題を提起して、ヘレティックスの会でそれらを話し合い、また雑誌に会合での報告をしてという具合に討論会の促進にもつながった。

戦時中の特別記事

　第一次世界大戦中（1914〜18）彼は国際理解に向けて断固とした態度をとった。それが大虐殺をも終わらせ平和な世界になると信じた。雑誌の内容も国際的な意見や政治評論などへ移っていった。彼は市民の権利を守るのに一生懸命になり、特に1916年に徴兵制度が始まるとますます熱心になった。雑誌には平和主義者の論文や権威者側への抗議の手紙なども見られるようになったし、また次々に起こる事件について良心的な反対者を裁く裁判所の報告などものせた。

　何と言ってもこの雑誌の一番の特色は外国報道の大筋を説明することだった。オグデンはイギリスの報道では戦争記事がかなりかたよっていると気づき、それに欠けている情報を補って読者にバラン

スの取れた見方を提供しようとした。1915年から200種類もの外国の新聞や雑誌から国際主義、政治論争などの記事をかみくだいてその要約をのせた。フランス、オーストリア、スイス、デンマーク、アメリカ、ロシアなどの戦争についての各種のニュースだった。

これは大変な労力を要したが、多くのボランティアの協力者らと共にオグデンも翻訳に励んだ。好戦的、中立的、また反対派などさまざまな立場からのニュースがあってこれは非常に重要だった。「外国報道からの週刊記事」という戦争についての定期コラムは毎号10頁ほど、雑誌の半分近いスペースを取ったが非常に貴重と大変好評だった。トマス・ハーディーは「毎週最初にこの記事から目を通す。大陸の様子が分かり、イギリスのこともあるがままに見られる――愛国心の魔力によるゆがみなしに」と述べている。

さらに敵国ドイツ側からも10種類ほどの新聞、雑誌を取り寄せて、それらに最大のスペースを取った。これをオグデンが最優先したことで、雑誌は他からは手に入らないバランスのとれた重要な情報を読者に提供した。情報源については中立さと細心の吟味で英国の論文などできちんと確証していた。この記事のおかげでこの雑誌は広く大学内外の注目を浴び、国際的にも知られるようになった。発行部数も25,000にまで伸びて、外務省の人や知識人たちにもこの雑誌は貴重な情報源となったそうである。

この記事については「第一次世界大戦における理性の声」という題で長い詳しい記録も残されている[5]。オグデンは戦時中人々にバランスのとれた合理的、人道主義的態度を取り続ける助けをし、さらにそれに引き継ぐ平和への和解の時に、国際的苦しみを避けて民主的運動を励ましたと認められている。オグデンの平和主義、人道

主義、国際主義がよく表れている。彼は民主主義をかたく信じ、ヨーロッパで政治的な民主主義を打ち立てることが、彼にとっては戦争を終わらせる積極的な道と思われた。オグデンのなしとげてきた多くの仕事の中でも、これはすばらしい仕事で、これさえ軽視されているのはひどいと友人らは残念がっている。

　しかし逆にこれを快く思わない人たちもいて、非難の声もあった。大学のお偉方は大学の名前の付いた雑誌への非難に当惑した。敵国ドイツへの教育面での視察、雑誌での平和主義的記事などから彼は「戦争反対者」、「けしからぬドイツひいき」などとみなされた。オグデンらへの紙の割り当ても不当に少なくされたので、彼らは苦しい思いをした。紙の不足を補うために、彼は本を多量に買ってはその中からパルプにしてもよい価値のなさそうな本を選んで供給した。オグデンは一日の仕事が終わり夜の1時ころから何時間もかけてこの仕分けをした。この選別の速さにも友人らは感嘆していた。

　オグデンはケンブリッジの目抜き通りに5軒もの古本の本屋を構えていたが、これはパルプ供給のためだけでなかった。友人に聞かれてオグデンは「ケンブリッジ・マガジンの宣伝のため」と答えたそうだ。写真を見ると確かに店の上方と下方に CAMBRIDGE MAGAZINE と書かれている。それほどこの雑誌に熱中していたのだろう。

　雑誌の内容に戻ると、そこに見られる国際理解の重要性、翻訳の作業は後にベーシックという仕事にたずさわる根拠にもなったはずである。彼のことばについての関心は学生のころからだったが、これは第一次世界大戦の恐怖によって余計に強まった。世界平和は共通のことばがないと不可能だろうと信じ、英語が広がることで戦争

の可能性を減らすことが出来ると確信するようになった。

終戦の日の事件から

　ドイツへの視察、雑誌での平和主義などからオグデンは戦争反対者とみられていた。そこで第一次世界大戦の終わった日、そんな彼への非難から何人かの過激な右翼の学生の暴動で雑誌の本拠地だったケンブリッジの彼の書店と画廊がおそわれた。窓ガラスが破られ、グランドピアノ、本や絵が次々と道路に放り出されてメチャクチャにされた。この時オグデンは危険ではあったが、暴動者をきちんと見るのに有利なようにすぐ近くに平然としかも気づかれないように立っていた。またこの事件についても彼は雑誌で取り上げた。「この国では暴力は公共の目的を達するための適切な行為とは認められないと」と書いているが、オグデン自身の反応は至って冷静で堂々として威厳にみちていたとの評がある。

　ともかくこの事件がきっかけで、後の大作である『意味の意味』が出来上がるという因縁があった。リチャーズはそのいきさつを詳しく述べている[6]。最初の2人の出会いから何年もたって、彼はオグデンの店の上の階に住んでいて、オグデンとは家主と借主の関係だった。その晩オグデンはリチャーズのところに暴動を犯した学生の名前を知らないかと聞きに行った。答えは得られなかったが、彼らは階段を半分ほど降りた時、オグデンは踊り場で突然立ち止まった。

　古びたガス灯の火もとで、彼は *Mind* という雑誌にのっていた意味についての最近の討論をについて意見を述べ始めた。二人はそれまでお互いに相手が自分と同じように意味の問題に関心があるとは知らなかった。オグデンはそれまでの言語についての研究や戦時中

のプロパガンダ、「ことばの魔術」の経験や当時の思想に及ぼす言語の役割などに関連づけて熱心に語った。

　夢中になって二人が話し合っている間に2、3時間が過ぎ、「定義」についての意見も一致した。そして夜中の1時ごろには『意味の意味』となる大ざっぱアウトラインにまで至ったとのこと。この出会いは二人に完全な理解をもたらした。ともかくそれを形にするのに共同で仕事をしようという計画が出来た。翌日には本が系統づけられるところまで話は進んだという。わずか2、3時間の話し合いというごく小さな出発点から、あの偉大な本が生まれ、またそこでの定義の問題がオグデンをベーシック考案へと導いたのだった。

　戦時中の記事への敵意もあり、この暴動事件によって雑誌はすたれてきた。そこでオグデンは2、3週間の間に雑誌をそれまでの週刊から年4回の季刊誌へと変えた。何千人もの購読者たちに彼は手紙を書いて詳しく説明しその旨を伝えた。1頁に2段組みでちょうど将来の本（『意味の意味』）の4頁分が入るようにした。オグデンは徐々に雑誌には余り熱意を示さなくなった、というのもこのようにリチャーズとの間で共同出版の約束が出来ていたから。やがて1923年に雑誌はついに終結した。

　実は、二人はこの雑誌に『意味の意味』の草稿を1920年夏の号から次々に載せていった。そしてこれは彼にしか分からなかったはずだが、1923年に本の最後の部分が載ったので、季刊誌としてのこの雑誌の目的も果たし終わった。オグデンにとってのケンブリッジ誌の役割は終了したのだ。

雑誌、翻訳を通して

　討論の会での論争、この雑誌での論題からある教訓が浮かび上がったと彼は書いている。それは語が重要であればあるほどその意味はあいまいになるようだということ。我々は一番重要なところに最も誤解されやすいことばを使うと彼は考えた。オグデンのことばについての興味はますます高まっていった。国同志の調和は無駄のない伝達であり、はっきりした相互理解がなくては不可能だろうと彼は考えた。彼の後半の人生をかけた英語の簡素化、ベーシックの考えはすでにこのころから彼にはあった。

　オグデンは前章でも述べたように、翻訳者としても活躍した。戦時中雑誌の記事の翻訳もあったが、ドイツ語やフランス語からの15冊の翻訳書は1915年から始まり1933年まで続いた。そのうち約半分はこの雑誌にかかわっていた10年余りの忙しい時期に重なっている。先に述べた雑誌での外国報道の翻訳をしたことが彼にとって国際理解について確固とした信念を持つようになった。そしてこの国際理解という問題は彼にとってその後終生ベーシックにかかわる仕事についても主要な推進力であり続けた。

　この翻訳書の内容も彼の多才さを証明するように生命論、思想と脳、感情の法則、アリの社会生活、学校と国家など広い分野にわたっている。この主題の巾の広さこそオグデンの知的世界を表している。彼は何にでも注目し、興味を持って研究した。それらさまざまな主題は彼が注目し研究したという点で関連づいているともいえる。彼の本能は、数多くの幅広い内容の読書や彼が訳した本の主題の多様さからも育まれたと言えよう。この本能は『意味の意味』にもつながり、それはさらにベーシック考案の源にもなった。

3 『サイキ』その他シリーズの編集など

　オグデンが『ケンブリッジ誌』を終える前、1920年に『サイキ』（*Psyche*）という雑誌、高度な心理学定期刊行物は創設されていた（psyche は「心理」、「精神」の意味）。この雑誌は初めむずかしい心霊研究などを扱っていたが、そのうちに副題通り「教育、心理分析、産業、宗教、社会及び個人関係、美学など幅広い分野にかかわる心理学」を目的に年4回の刊行となった。これはまさに雑誌の創設メンバーだったオグデンの幅広い考え方を示している。オグデンは1923年からこの創始者の一人として長いことキーガン・ポール出版社（Kegan Paul, Trench, Trubner & Co.）の編集顧問を続けた。オグデンの仕事の上での洞察力の鋭さが社の編集部から認められたのだった。そして何と35年後、彼の死の年までその肩書は続いていた。

　この雑誌は初め売れ行きも悪く、出版社は財政的に苦労してオグデンとの間の手紙でその困難を何度も訴えた。前の『ケンブリッジ誌』などに比べても財政は不安定で、しばしば危機におちいった。キーガン・ポールからの手紙にはオグデンに内容を検閲するように申し入れることなどもあったが、財政難と売れ行きが良くない苦言の方が手紙にはしばしば出てくる。経営難は続き、ついにこの雑誌をこれ以上続けるのは無理だと言うので、1925年の5月号からはオグデンが買い取って編集長と所有者とを兼ねるようになった。

雑誌編集とアメリカへの旅行

　経営難は劇的によくはならなかったが、1年後雑誌の行く先にある程度自信が持てるようになった。そこで前章でも触れたようにオ

オグデンは1926、27年と2度リチャーズと一緒にアメリカへの長期の旅に出かけた。ニューヨークでは *Forum* 誌の客員編集員として科学分野の編集をして、部数を7万から10万に伸ばした。この訪問にはアメリカの言語事情を知るという目的もあった。アメリカ英語の将来に対する人々の関心をテストするとか、また新語創作のコンテストなどさまざまな実験をした。アメリカ英語について彼はむしろその簡潔さを好ましいとして、ベーシックにはアメリカニズム的 go up, give back, put off などの句動詞表現が一語動詞の代わりによく用いられている。

　また26年の訪問については、『意味の意味』の2版の序文に、初版がアメリカでも深い関心を引き起こしたので、討議、改定の目的でニューヨークに出向いたと書かれている。またベンサム100周年版を出す援助金の可能性を調べるためだったとも『サイキ』(1928) 8-4 に書いている。この留守の間『サイキ』についてはオグデンの主な協力者で、また財政の後援者でもあったヴィントンに任せた。

　ヴィントンも『サイキ』を一人で担うことに自信はなかったがその役を引き受けた。間もなくオグデンから次の出版用の材料が送られてきてホッとしたが、年末には雑誌の内容と財政のことなどであせってきた。彼はオグデンに困っている様子を知らせて一時帰国するよう頼んだ。彼は一時帰国したがヴィントンを安心させられず、翌年には彼はパニックになって雑誌を終わらせるしかないと考え、オグデンに帰国するように電報を打った。結局オグデンは予定の旅程を切り詰めてアメリカから戻ってきた。

　オグデンが帰ってきたからと言って財政状態が急によくなるわけではなかった。彼は自分の本の印税などをこの雑誌の援助にまわし

たが、この雑誌は「英語で書かれた唯一の一般心理学の定期刊行物」という誇りもあって、知的満足を得ることで埋め合わせをした。彼は編集者として記事を寄せてくれるすぐれた人を探すのに精出した。他の人の記事だけでなく、『サイキ』はその後 30 年間にわたり『ケンブリッジ誌』以上にオグデンの個人的な発表手段のようなものになった。

『サイキ』とベーシック

オグデン自身論説をはじめ、様々な分野の記事をいくつも書いた。彼は幅広い分野の問題に興味を持っていたので、無限ともいえる興味を思う存分発揮した。初めのうちは教育や美学、心理学、特にワトソンの行動心理学、学際的方法の探求について書いた。1928 年あたりからはベンサムやことばの魔術などについて何回も取り上げた。焦点は言語学、国際共通語への展望などに移っていって、「『サイキ』は我々のあらゆる言語研究の媒体の役を努める」と宣言している。この役目は以後 20 年以上変わっていない。ベーシックの主要な概要が明らかにされ、その試案の発表（1929）も、その公表（1930）もこの誌上だった。

この雑誌に現れたベーシック発表までのオグデンの記事をさっと見てみよう。先ずこの 2 巻（1921）にオグデンとリチャーズは最も簡易な言語を提供することを目指すとすでに書いている。以下オグデンの論説から、4 巻（1923）では話しことばの美的価値について、5 巻（1925）では word magic に影響のある思想の歴史のあらましを、6 巻（1925）では 'Bodies as Mind' という題で心理学の 7 種類の学説をさっと比べ、7 巻（1926）では心理学と言語の結びつきをはっきりと言いきって、心理学が現在必要なのは言語調査のた

めの研究所で、そのためには資金がいると書いている。

8巻（1927～8）は『サイキ』の転機である。8-3でオグデンの論説 'The Future of English' は将来の英語について述べ、ベーシックの考えの芽生えを表している。さらに8-4ではベンサムの業績を説明し、彼のことばとフィクション、国際補助語、そして英語の簡素化が研究所の最も重要な分野だと述べている。9巻（1928～9）の9-1でベーシックの鍵でもあるPanoptic活用図（3章4参考）を、9-2で国際語について、9-3で 'Panoptic English' と名付けられた850の語表と 'Universal Language' との題名でベーシックの組織を試案として紹介している。

10巻（1929～30）でのオグデンの論説は100頁近く、10-1はベーシックの進展状況、10-2は言語心理学の実験的応用としてのベーシックの起源について、10-3の最初の頁に850の語表が載って正規にベーシック公表となる。ここでのオグデンの論説は彼の学識と出版プログラムを統合した彼の文書の中でも最も重要なものと言われている。

以後、『サイキ』はもっぱら彼自身の言語研究の主な機関、最重要媒体となり、特にベーシック研究の発表の場となった。この雑誌にはオグデンの知的冒険の跡がはっきり見られる。国際語についての研究はベーシック発表の20年も前に始めていたこととか、ベンサムの莫大な資料を見つけたのは1914年だけど、実際の研究は1928年まで延ばしていたことなど。彼がベーシックの語彙をどう選んだかなども記されている。中には彼のちょっとしたダジャレのようなユーモアも見られる。

1933年『サイキ』が13年目に入り、彼が編集者として10年目を迎えた年、オグデンは画期的に入ったことを公表するチラシを出

した。この年は後に述べる国際双書も 100 冊目になり、ベーシックの本も 10 冊手に入るようになった。またオグデンの *Bentham's Theory of Fictions*『ベンサムのフィクション理論』はこの年、彼の没後 100 周年記念と同時に出版された。そこでのオグデンの講演もあった。これらすべてこの『サイキ』があったからこそ可能になった。

さらにこの雑誌は 1927 年には実験的子孫ともいうサイキ・ミニアチュアを生み出した。この小型版の考えは『サイキ』の記事を再販して本として出す予定だったが、オグデンはそれらに限らないように主張して、この版で多くの本が生まれた。このミニ・サイキとも言われる小型で値段も安いシリーズは 50 冊ほど出て非常に好評だった。ベーシック関係の本の多くはミニ・サイキで出版され、また医学や一般書など多くを生み出し、1948 年まで 20 年間続いた。

このミニ・サイキは成功して 2、3 年のうちに親の『サイキ』を抜きんでてしまった。そこで 10 年ほど年 4 回出していた『サイキ』はその後年に 1 度になった。出版社としてこれはまだ損失が出る仕事で売れ残りも何千冊か出ていたが、オグデンは 2、3 年のうちに在庫のほとんどを自分で買い上げたとのことである。17 号は 2 年遅れて第 2 次世界大戦の開始 2 年前に、次の 18 号は何と 14 年も遅れて 1938-1952 年分としてまとめて出して、これが最終号となった。このように遅れたのは大戦がいかにベーシック運動にも大きな打撃だったかを示している。実は年一度出していた *The Basic News* も 1940 年の 9 号の後、最終号が出たのは 10 年後だった。

『サイキ』の最終号はそれまでのすべてをまとめたようなものになった。400 頁もあるこの号はオグデン色が濃く出ている。25 年間

にもわたるベンサムについての研究の集積もあり、これは知的史料と探偵小説を合わせたと言われるような独特の形で発表された。また念願だった「ことばの魔術」についてオグデンの100頁以上の長い論文が載っている、ことばは幻想の源であり続け、今日でも年千年前の祖先と同じようにことばの力の迷信にとりつかれていると。

　そのエピローグの中でオグデンは次のように言っている。ベンサム以前には言語の影響が国々を分離し、国際的トラブルを引き起こす要素でもあることに注意を注いだ思想家はいなかった。ただどんな状況であっても、言語は国々を分離させるだけでなく、結合させることもできるということをはっきりさせておくべきで、今や科学者たちもことばの意識的方法論に向かって進んでいると締めくくっている。冷戦を見すえて悲観的ながらこの結語にはオグデンの希望的観点も見られる。

　実は『サイキ』は絶版となっていたが、40年ほど経って1995年英国の出版社と日本の紀伊国屋出版が共同で全18巻の復刻版を出した。この復刻版は非常に貴重で、ベーシック、オグデン研究者にとってはとてもありがたいものだ。ただこの分野での研究者はそれほど多くはいないと思われる。それでも復刻版が出たという事実は、この雑誌の重要性が現在でも認められている証拠でもある。筆者も販売されてすぐにこの復刻版を購入して、参考にしている。

双書、シリーズ物の編集

　年月はさかのぼるが、1921年以降オグデンは多忙の中で同じキーガン・ポール社から5種類ものシリーズ物、学術双書を編集している。いずれも1年以内に彼の編集で確立した。International library of Psychology, Philosophy and Scientific Method（心理学、哲学、科学方法の国際叢書、略して国際双書）は150冊以上出した。これはオグデンが編集した5つのシリーズのうちでも最も重要であり、20世紀における学術双書としては最もすばらしいものと言われている。『意味の意味』もこのシリーズで出版されたが、実はこの双書はその目的で企画されたのだった。

　当時目覚ましい発達をとげた心理学、哲学、科学などで最近起こった成果、問題などを手軽に入手しやすい値段で供給することが目的だった。大陸の思想を英語圏に紹介し、近づきやすくした貢献はすばらしい。オグデン自身の翻訳書も数冊このシリーズで出ている。出版された本のタイトルを見れば、名前の通り広い範囲の問題が取り上げられて、広く文化の発展に役立ったかが分かる。まさにオグデンの百科事典的知識と興味の広さと深さを示している。

　Science for You（みんなの科学）は冊数も少なく、150冊ほど出したToday and Tomorrow（今日と明日）シリーズによって影が薄くなった。またThe History of Civilization（文明史）は50冊。こうして大陸の思想を英国に紹介したオグデンの成果はすばらしい。しかも一般の人々にも届く手段としてこのような手軽な形で知識を広めたことには大きな意味がある。さらに先にも述べたPsyche Miniatures「ミニ・サイキ」はベーシック関連以外にも薬学や一般書など50冊ほど出し、約20年間同じ小型サイズで続いている。

　キーガン・ポール社の人はこれらシリーズ物にかかわるオグデンとのやり取りについて語っている（この出版社との手紙での細かいやり取りは5章2参考）。オグデンは最もひんぱんに社にやってきた、出版社への彼の貢献は莫大なものだった。それは当時きわめて幅広い分野での最高の学者たちにもオグデンはやすやすと彼のシリ

ーズで本を出すように説得できたから。彼はキーガン・ポール社の名声と繁栄に大きな力となった。しかしその見返りに彼は本に高い値段をつけ、著者への印税に加え、一冊ごとに自分への印税も優先した。冊数も増えてきて彼の受け取った金額はけっこう増加したようだ。多くの友人を不思議がらせた不明の収入のいくらかはこれによると明かしている。

　2種類の雑誌、5種類ものシリーズ物を編集して、しかもほとんど成功させたとは驚くべきことである。彼は自分で書いただけでなく、多くの本を世に送り出して20世紀思想の発展に重大な役割を果たした。それも彼が新しい考えを持っている人々をよく知っていたからこそで、彼には情報やアイディアを探し当てる超人的能力が備わっていたことは事実である。また彼自身これらシリーズで出版した本は何百冊もすべて読んでいた。

さらに広がる研究分野

　こうして討論の会の他にいくつもの編集などで忙しい中、オグデンは共著での『意味の意味』、ベンサム研究、またベーシック考案などの大事業を成しとげたのだ。それらについては次章で詳しく解説するが、普通の人には考えられないようなことである。ベーシックがおよその形をとったのは1925年頃からで、その時期彼は国際補助語について30人ほどの共同研究者たちと英語の簡素化した形が最もよいと信じていた。ただ実際の決定までには大掛かりな調査、研究が必要だった。当時人工言語であるエスペラント賛同の宣伝も大きく、新しい世界共通語を生み出すことに対してはかなりの困難も予想された。

　そして先にも述べたように、1929年初め、ベーシックの試案を

『サイキ』に発表し、他の人々の意見も参考に手直しして、翌年1月に号に Basic English として公表した。さらにベンサムの莫大な資料を基にベンサムの考えを解説、研究し始め、その研究成果も1928年ごろから『サイキ』に次々と発表した。後に彼はベンサムの小論に半分近い序文を自分が書いて本を出している。

4 ベーシック・イングリッシュ完成、普及

 さてベーシック考案に至る詳しいいきさつは次章6で述べるが、1930年にベーシックは公表され、その後オグデンはどうかかわってきたのだろうか。彼は30年近く、その後の全生涯をベーシックの普及活動に捧げた。その活動をさっと見ていこう。研究、普及に彼の手足となって協力した助手のロックハート女史の働きも大きい。先ずこの発表は世界各地で大きな反響があり、1931年には海外でも30ヵ国にベーシックのセンターが設立され、訓練を受けた人が代表となって普及活動を始めた。日本では岡倉吉三郎が初代代表となりベーシック運動の最先端に立って活躍した（日本での運動は5章6で）。

 オグデンは先に述べたミニ・サイキという小型のシリーズでベーシックについての本を彼自身何冊も書いた。基本書である *Basic English*（ベーシックの組織とその応用について、最も一般的なベーシック入門書）、ベーシック・トリオと言われる *Basic Words*（850語の説明と短い例文）、*The Basic Dictionary*（使用頻度の高い7,500語をベーシックで言い換えたもの）、*The ABC of Basic English*（ベーシック組織の詳しい説明と学習法）が1932年に出版された。

その他 *Brighter Basic*（様々な場面でのベーシックの使用例）、*Debabelization*（普遍言語の面から簡素化した英語であるベーシックについて）、*Basic by Examples*（学習者、教師用に何百ものベーシックのモデル文を表示）などなど。*ABC* と *Brighter Basic* はベーシックで書かれている。また「ピノキオ」や「ガリバー」、「武器と人」など小説のベーシック訳もロックハート女史らにさせてこのシリーズで出している。

世界各地での活動

　日本、中国、ドイツ、チェコ、インド、アフリカなどで普及運動は強化されていった。デンマークではヨーロッパで初めて教育制度にベーシックを取り上げて学校で教え、その結果英語の学習期間が短くなったとの報告がある。ギリシャでも British Council のベーシックを教える教室に 8,000 人からの応募者があったとか。インドでも普及運動は活発に行われ、新聞にも何度か宣伝が載り、ボンベイの学校で実験もした。ネール首相自身もベーシックを支持していた。またロシアではリトビノフという女性が率先してベーシック運動を大々的に取り組んだ（5 章 4 参照）。

　1933 年にはニューヨークを中心にベーシック会議が行われ、オグデンらもベーシック関係者として出席した。オグデン、リチャーズらがベーシックについて話をした。太平洋の国々でベーシックが国際語として利用できるかなど検討された。この年アメリカのペイン財団が研究所に対して援助をはじめ、10 年以上これは続いている。ロックフェラー財団からも極東でのベーシック普及にとかなりの額の援助金が来る。これらの財団から援助金を受けるのは容易なことではなかったようだが、それがかなり長期にわたって続いたと

いうことはベーシックの目的が適正であると認められた証拠とも言える。それでもなおベーシック本部の資金は大巾に不足していた。

オグデンは英国政府にも援助の要望を出したが、かなえられたのは何年も経ってからだった（詳しくは 5 章 7）。彼は海外での普及、教師養成、手引書作成などベーシック運動に精出した。1939 年にはリチャーズがハーバード大学で文芸批評の研究とベーシックの教育面での実験にたずさわるようにロックフェラーから頼まれてイギリスを離れた。

画期的試みであるベーシックには賛成の声も大きかったが、批判、反対の声もあった。前章で述べたように、ウエストはベーシック批判の小冊子を出し、オグデンは反論として大部な本 *Counter Offensive*（反攻撃）(1935) を出した、「ベーシックへの誤った見方への解説」と副題をつけて。また風刺漫画の *Punch* 誌などもベーシックをパロディー化してわざとおかしいベーシックの文を載せたりした。

それでも 30 年代国際補助語としてのベーシックの目的は着実に進んでいった。ベーシックに訳された本は数多く刊行され、またペイン財団の援助で 200 人もの教師が各地から研究所を訪れ、ベーシックの訓練を受けた。世界各地でベーシックは英語学習の第一歩としても使われた。ベーシック賛同者の名簿もどんどん長くなっていった。1935 年には *The Basic News* という小冊子を年 4 回出すことが決まった。これはベーシックの仲間たちに各国の発展の様子を定期的に要らせ、また一般的に関心のある質問に答えるというものだった。

1939 年には Royal Society of the Arts（英国王立学術協会）でベーシックを取り上げ、リチャーズが講演をして、ベーシックについ

て詳しい説明をした。司会者も今必要なことは、ベーシックがより広く認められ、充分な財政上の支持が得られることと言っている。講演後熱心な討論の行われ、将来の企画も述べられている。30年代ベーシックの勢いは加速していった。

戦時中、チャーチル演説、その後の状況

しかし 1940 年代前半には第二次世界大戦でこの運動は大きく後退した。資金不足、紙不足、訓練を受けたスタッフも軍隊にとられ、何より海外での拡大が止まってしまったことは大きな痛手だった。せっかく増え続けた海外の代表リストもだんだんは短くなっていった。本も売れなくなり、研究所の本拠も空襲を受け、10 万冊もの本が失われた。キーガン・ポール社の倉庫のうちの一つも空襲にあって何千冊もの本やオグデン自身の所有物も焼けてしまった。

それでも新約聖書のベーシック版 *The New Testament in Basic English*（1941）や *Basic for Science*『科学のためのベーシック』（1942）などが出版された。ベーシックの聖書はニューヨークで出版され、好評をはくして日に 1,000 冊も売れた。またベーシックはあいまい性がなく特に科学に向いていたので、スイスの多言語科学ジャーナルの論文にも戦前の何年かその要旨をベーシックでつけ読者に喜ばれていたが、残念なことに戦争で終わってしまった。

オグデンは手紙で当時の様子を次のように語っている。「現在国内外でベーシックは最高に重要だが、紙不足で 20 冊分の原稿もそのまま積まれている。自分は日に 16 時間も研究所からの文通処理に使っている」。まさに 'World War 1 made Basic, World War 11 killed it.' と言われる通りである。確かにベーシックは第 1 次大戦中のプロパガンダの報道に見られた「ことばの魔術」も一つのきっか

けになって考え出されたのだった。

　1943年9月チャーチルはハーバード大学で名誉学位を授与された。その期をとらえて英米の協調を訴えようとした。その演説の中でベーシックの簡素化の有用性を称えて、政府としても支持すると話した。戦時中の同盟国間の伝達手段として容易に学べ、あいまいさのないことばは意思の疎通に役立つだろうと考えたから。彼の演説は政府白書となり、新聞、ラジオで大々的に報道された。

　首相のベーシック支持は大きなニュースとなり、人々に感動を与えた。オグデンの名前も突如各地にひびき渡り、ベーシックに関心が集まってよい宣伝になり、本の需要も増えた。しかし皮肉なことに当時は紙不足で本は供給できなかった。この演説直後からベーシックの研究所には「何千という手紙や本の需要など、意見、要求、忠告など、不足しているお金や紙以外のすべてが殺到した」と *The Basic News* には記されている。

　何よりもこの演説による一番の打撃、予測しない否定的効果は英国政府がベーシックを是認した以上、これからの費用は英国が当然引き受けるはずだとアメリカの財団が援助金を減らし、ついに打ち切ってしまったこと。これはオグデンたちにとって大打撃だった。それまではアメリカからの財団がベーシック、特に極東での普及にかなりの資金をしていたから。バーナード・ショーも遺産はベーシック研究所を受取人にするとオグデンに書いていたが、このことからもう必要ないだろうと遺産は他の方に回された。資金の問題以外にも、ベーシックは英語の言語帝国主義ではないかとの声もあったし、特に英国ではことばについては保守的な考えの人が多く、政治家が国語問題に乗り出したことを非難する人たちもいた。

　英国政府は各省からの合同委員会でベーシックを推薦することを

決めた。ベーシックの発展は公の利益になると認めたのだ。イギリス政府とオグデン側の折衝など細かい経緯についての資料はイギリス公文書館にあって詳しくは5章7で述べる。それでも委員会が出来てからベーシックのクラスが海外で盛り上がってきた。

　1945年、戦争も終わったが、政府は戦後のこの時期は国内の改革などで、チャーチルの野心の実現には力を注げなかった。先の *The Basic News* 1950年の最終号には戦中、戦後ベーシック活動がいかに大変だったか記されている。研究所に集まった人々は場所も、紙もなく、秘書もいなく、印刷もできず、海外との接触も出来ずに最後の2年間はただ何か起こるのを期待するより他なかったとのこと。戦後の世界で例えばドイツなどで英語の必要性が高まりベーシックの教本の注文が多数来たのに、紙不足ではどうしようもなかったと。

　1947年やっとベーシック・イングリッシュ財団が設立して、これで教育関連の団体として国庫から助成金を受けることになった。オグデンは初代所長となり、後には顧問になった。ベーシック関係の本の利益も、援助金も一旦財団に入り、ここを通して研究所が受け取るようになった。やっと政府からの基金で職員も何人か確保し、新しい人々の訓練が始まった。ベーシックは、インド、アメリカ、ロシア、東欧などで急速に進展が再開された。その後も海外での発展が盛んになった。

　それから何年かベーシックの海外での発展は続いた。ジュネーブで避難民に情報をベーシックで出すとか、オーストラリアでは移民にベーシックを使って英語を教え、ドイツ、ノルウエイなどでも活用された。インドでは文盲の人のためのベーシック・コースまで出来た。ケンブリッジ大学でもベーシックの講義に資料を送ってい

る。研究所も教師養成、特にベーシック訳の技術を教えることに重点を置いた。その後も資料の注文、外国からの訪問、問い合わせなど多く、仕事は非常に忙しかった。

　アメリカではリチャーズが 1939 年にハーバード大学に移り、ベーシックを英語教育へと活用する方向に進んだ。あれほど意見が合致し、共同で仕事もしたが、2 人のベーシックに対する考えはずれてきた。オグデンは考え抜いたベーシックを改定する意思はなく、他方リチャーズは少しでも広く使えるようベーシックを広げ、near Basic（後に Every Man's English）を作った。ベーシックはアメリカでは教育面で広く利用された。マイアミでは英語を全然知らない 1,000 人ほどの中国の水兵にベーシックを教えて成功した例などがある。東部、特にボストンを中心に移民たちにベーシックを教えていた。筆者もアメリカ留学中 1959 年冬にボストンで移民の子供たちがベーシックを学んでいるクラスを見学した。

　1952 年オグデンはこれ以上ベーシックのプログラムの企画に深入りするのは犠牲も出るので残念ながら止めるつもりだとロックハートに手紙で告げている。1953 年で援助は打ち切られ、3 月オグデンは研究所から手を引いた。実は研究所が閉じられてから丁度半世紀後 2003 年にアメリカ人により net 上に Basic English Institute というベーシック組織が立ち上げられ広く活動している。

　その頃ベーシックの本は売れ行きがよく注文が殺到したが、ストックがない状態だった。また実際には値段の安さなどで利益は大きくはなかった。この研究所閉鎖の年にロンドン大学ユニバーシティ・カレッジにオグデンの蔵書や原稿など大量に売却している。財政的にかなり苦しかったからだろう。

　オグデンにとって研究所の実質的閉鎖は大打撃で、彼はそれから

ついに立ち直れなかった。最後の数年オグデンは 'life and soul of Athenaeum'（アシニーアムというロンドンの文芸、学術クラブの花形）だったとか[7]。そこでのオグデンの長話の話題は音楽からコーヒー豆のことなどで、ベーシックについてはめったに口にしなかったと言われている。彼の関心ごとはすべての源である「ことばの力」の資料の実証へと戻った。文通のネットワークは以前と同じだったが、彼の手紙には楽観的傾向は控え目だったとか。1956年の正月に友人は「リチャーズが老いてきたのと違い、オグデンは前より若々しく見える」と仲間に告げている。しかし年末には病にかかり、翌年1957年3月オグデンはガンで亡くなった。

　ここでオグデンのベーシック普及への活動は終わるが、その後のベーシック関係についてどうなったかさっと見てみたい。1962年にはマンチェスターで科学推進の英国会議があり、ベーシック関連の発表があった。63年にはBBCの番組で 'Portrait of C.K. Ogden' というタイトルの放送があって親しい友人らが彼のことについて語った。65年には『ベーシックによる科学辞典』（*The Science Dictionary in Basic English*）が出版された。これは47年から手をつけ始めたが出版されたのはオグデン死亡後になった。

　その後も60年代ベーシックへの関心は復活した地域もあった。70年代始めには南アフリカの鉱山で何千人かの労働者にベーシックを教えて満足のいく結果が出た。ただベーシック関係の機関には資金がなく、求められた本を送ることもできない状態だった。80年代本は聖書がわずかに売れるのと、ダニエルズの日本語の辞書の売上が主で財政的には苦しいと記されている。

　20世紀終わりごろになってカナダのゴードン（W.T.Gordon）[8]がオグデン研究に励み、1994年には *C.K.Ogden & Linguistics* 全5巻

が出版された。オグデン著作の広い範囲のコレクションや批評などである。同じ著者の *C.K.Ogden a bio-bibliographic study*（1990）（オグデンの伝記および関係図書目録）はごく薄い本だが、オグデン研究には大変貴重な資料である。また1995年には先に述べたように『サイキ』全18巻の復刻版が出版された。

3章 理想の言語を求めて
—ベーシック・イングリッシュの背景—

　前章までオグデン自身について述べてきたが、本章ではオグデンが考え出したベーシックの背景を見ていこう。定義でくり返し出てくる少数の語を整理したらそれだけで一つの言語体系が出来るかもという思いつきからベーシックという言語組織がそれほど簡単に出来上ったわけではない。ベーシックはオグデンの生まれながらの才能、たぐいまれな幅広く奥行き深い知識、熱心な研究、どこまでも追い詰める情熱、ねばり強い実験、それに英語の特質などが相伴って出来上がったものである。それだけではなく、考案の背後にはさまざまな要因があった。大昔から普遍言語、世界共通語への夢があり、また言語改良を求める人々の試みもあった。さらに同時代の知識人たちとのかかわりもあった。オグデンはそれらにも深い関心を持って詳しく調べて、ベーシック考案の参考にしていた。

　オグデンのさまざまな活動も実はすべてことばと関係があった。彼の最大の業績は『意味の意味』の共著、ベンサム（J.Bentham）の研究、ベーシック考案である。これら3つの仕事はお互いに密接にかかわり合っているが、結果的には前2者からベーシックが生み出されたとも言える。ベンサムの言語理論、特にフィクション（虚構）理論からヒントを得て、また『意味の意味』で論じた中の定義論から代用の原理が、またそこで論じた「ことばの魔術」の解決策としてベーシックが考案された。この章ではオグデンの知的探求、ベーシックの背景ともなっているそれらについて見ていこう。

1 普遍言語の夢

聖書、創世記の「バベルの塔」はノアの洪水の後、バビロニア人たちが天まで届くような塔を建て始めたのに対して、人間のそんな高慢な態度の罰として神はお互いが理解できなくなるよう、地球上のことばをバラバラにしたという話である。以来地球上ではさまざまなことばが生じ、これも国際間の障害の一つになっている。この話は世界共通語というテーマが紀元前から興味を持たれていたことを示している。'debabelization'（バベルを止めること）とはオグデンが造ったことばで、彼は同名の本（1931）[1]も書いている。その中で彼はバベルの解決には広く使われている英語、特に簡素化した組織であるベーシックが最もよいと述べている。

オグデンは異なる言語による混乱をさけるために、世界で共通な言語が必要と考えた。そしてこれによって戦争のチャンスも減り、またことばの学習負担も軽くなると考えた。つまり「バベルの塔」をこわして世界中の人が同じことばを話すという夢がベーシックには込められている。

世界共通語の考え

普遍言語と言われる世界共通語のテーマについては紀元前100世紀頃すでにギリシャの歴史家が関心を示していた。ギリシャ、ローマ時代はギリシャ語やラテン語が大きな力をもっていた。ところが1,000年近く勢力を保っていたラテン語も、近世に入ってヨーロッパでナショナリズムが起こり、庶民の力も台頭してくると英語、フランス語、スペイン語などがそれぞれ盛んになってきた。ラテン語のおとろえ、そして文化的な変動なども基盤となって、共通の言

語が望まれるようになって、理想主義ともいえるこの共通語への夢は 17 世紀ごろに花開いた。実はその頃ヨーロッパでは天災、流行病、30 年戦争などで混乱していた。

17 世紀、世界探検などでいろいろな国のことばについても知られるようになった。ガリレオ、ニュートン、デカルトなどが出て新しい世界観も広まってきた。科学なども盛んになり、ラテン語に代わって広く広めるためにも共通語をという気運が生じてきた。シェークスピア、レンブラント、ルーベンスなど文学や美術など芸術の花も開き始めた時代でもあった。それら文化や科学上の発見などを広く普及するためにも、新しい宗教の伝道にも、また特にイギリスでは海外拡張を容易にするという目的のためにも共通の言語が求められた。

その後考案されたエスペラントなどの人工語、ベーシックなども含めていわゆる計画言語と呼ばれる世界共通語の試みはこうして早い時期から始まり、その数 900 を超えたとも言われている。それらの試みにしても、ほとんどはただ骨組みだけの文法や、語彙についてもその大ざっぱな覚書程度のものが多く、実際に使えるようなものではなかった。

17 世紀、世界共通語の試み

具体的な共通語への運動についてはベーコン（1561 〜 1626）が始まりとされている。ことばによって人の考えがあいまいになることから、普通の文字ではなくて事物や考えを直接表して世界中の誰にでも分かるような記号を考えて real character（実在記号）と名付けた。このような記号の考え方が共通語探求の出発点となった。デカルト（1596 〜 1650）も自然言語は論理的ではない、そこで意

味を自然言語とは関係のない何らかの記号で直接表そうという人工言語について考えた。彼はこの真実を表せるような言語の探求にとりつかれていたが、現実に通用する可能性については疑いを持って、実際に作ってはいない。彼の考えたのも各国語のつづりではなく、意味に対応する共通の記号を使って読み書きをするというものだった。

17世紀を代表する**ウイルキンズ**（1614〜1672）も同じように言語の落とし穴に気づいて、人間をことばの混乱から解放するために理想的な共通語を作ろうと取り組んだ。植物学の分類にヒントを得て、類と差異を利用してあらゆる概念や事物、動作などを40の基本的類に分けて記号化し、さらにそれらを細かく分けてことば（記号）と意味を1対1にして自然言語に見られる混乱を防ごうとした。『真の文字と哲学言語に向けての試論』という大冊を著した。彼は外部世界の現実の構造と一致するようなことばを実際に考えた先がけの一人だった。

彼の夢は実現しなかったが、この試みは人の基本的概念の種類はそう多くはないことを示している。これはまたベーシック誕生にも大きく影響したはずである。ウイルキンズは概念の関係を具体化して、radicals（根）と名付けた基本的要素に対してparticles（小片）と呼ばれる小辞で類似とか場所、道具などの関係を表した。sheepにyoungを加えてlambに、roomにbooksを付けてlibraryなどと。基本的語に何らかの小辞を結び付けて意味を広げるということはベーシックとも共通することで、オグデンにとっても参考になったはずである。

哲学者、数学者でもあった**ライプニッツ**（1646〜1716）は若い時から基本的な考えを表すような共通語を作ることが夢だった。実

用のための伝達の手段としてより理性の道具としての言語を考えた。あらゆる概念を完全に分析して少数の単純なものにもどし、最終的な要素に分解するという考えに基礎をおいた。すべての数字が1, 3, 5, 7という素数から出来ているように、複雑な概念は少数の単純な基本的概念からなる。語がアルファベットの組み合わせから出来ているように人の思想のアルファベットを見つけ出せば、全ての知識が組織的に構成されるだろうと考えた。

この考えはベーシックを予測したようなものだった。あらゆる複雑な考えをくだいて単純な考えにもどし、語数を少なくして比喩によって意味を広げ、さらに空間を表す前置詞の指す範囲を広げるなどライプニッツの考えはベーシックと同じ手法を使っていた。ベーシックと同じ「代用」という考えだった。一種の思考の算数でもあるライプニッツの考えた言語は、間もなく実際に使うには容易でないと彼自身も気付いた。

ベーシックのごく限られた語で多数の語の代用ができるという可能性は全く新しいものではなかった。その背後にはこれらウイルキンズやライプニッツらの試みがあって、オグデンもこれらの試みを丹念に研究していた。ベーシックはただ国際的な伝達のためだけではなく、これら17世紀の先駆者と同じように単純なことばで複雑な考えを生み出すという考えから生まれたものだった。

ユートピア小説の中の空想言語

17世紀半ばごろから小説の中にもさまざまな空想旅行の中で理想の言語が見られるようになったのは面白い。ヤグェーロは『言語の夢想者』[2]の中で詳しく記しているのでいくつか紹介しよう。シラノ・ド・ベルジュラックの『月世界旅行』（1649）など、あまり

知られていない土地、さらには地球外へ旅をしてその土地のことばについて語っている。月に着いてみると上流階級は音楽のようにメロディーがついたコトバを、一般庶民は身振りを伴うことばをしゃべっていた。また太陽ではそれまで聞いたことがないけれども意味ははっきり分かることばを話していたなど。また数字を使ったことばとか、現実には無理でもフィクションの世界で一種の理想言語を夢想していたのだろう。

このような空想言語を扱ったフィクションは当時次々に発表されたが、18世紀終わり頃から実用を目指す人工言語が出てきてフィクションでの空想言語もすたれてきた。この時代数字をはじめ、音程、表意文字などいろいろな種類の記号が考え出された。音楽的言語はドレミの音程の組み合わせで意味を表し、ハミングや楽器演奏でも意思疎通ができるなど。

オーウェルの『1984年』(1948)は20世紀半ばに出た反ユートピア小説だが、空想言語を扱った話としてはこれらの続きとも言える。そこでは個人の思考がすべてノヴラング（Newspeak）という言語の操作によってコントロールされている。ことばは伝達のためというより思考システムの手段となり、これによって党員にふさわしい世界観だけしか持てなくなる。ファシズム的支配体制にはことばを管理、統制することが重要ということが示されている。これはオグデンの唱えてきた「ことばの思想への影響」を悪用して、言語を道具にして全体主義に向かわせた例である。

この話はベーシックがモデルで、オーウェルはベーシックを非難していると推測する意見もあったが、それは誤りで実は彼はベーシックを支持、推進していた。彼はベーシックが corrective（誤りを正すもの）の役を果たすと言い、また「ベーシックでは意味のない

文ははっきり意味がないと分かってしまう」とも述べている。

　彼はまた "Politics and English Language"（政治と英語）(1946) という小論で当時英語がひどくなっているが、それは自分たちの思考の不正確さと社会、政治や経済の混乱が原因だとしている。そこで彼はことばをきちんとすることで社会の混乱を整理したいと考えた。大げさなことば、無意味なことば、死んだメタファーなど悪い英語の例としてあげている。

暗号、速記

　世界共通語の試みは暗号、速記法など関連分野の発展にも影響された。また逆に共通語のいくつかの計画はこれらの分野にも役立った。暗号は古代ギリシャからのもので長い歴史があって、特に16、17世紀英国では戦争のためにも盛んに研究された。暗号は現在でも秘密通信を行う主に戦略のため、またデータを秘密にしかも完全に守るためにも外交、警察、産業界などで活用されている。速記も紀元前からのもので多くの意味が簡単な記号で表される。近代では16世紀後半英国で特に発達した。いろいろな速記法があるが、わずかのアルファベットに斜線や鍵、丸をつけるとか、記号の向きを4方向に変えたりして表している。ベーシックで有効に利用されている反意語の考えも簡素化のために速記に使われている。速記は主に議会や法廷などでの発言を記録するのに現在でも使われている。

　これらの発明はただ速記、暗号としてだけでなく、共通語としても意図されていた。また暗号、速記は一つの記号がまとまった考えを表すわけで、これらは共通語の記号体系にもかかわりがあったはずである。最も効果的な速記法が英国で進んでいたのも、ベーシック考案と何かかかわりがあったかもしれない。というのもオグデン

はこれらに大きな関心を持って研究していたようである。実際彼のおびただしい量の蔵書のうちロンドンのユニバーシティ・カレッジに保管されている目録には、ベーコン41冊、ウイルキンズ22冊などと共に速記関係は13冊、暗号関係も21冊あった。

　このような17世紀の世界共通言語の試みに熱中した人々は理想主義者であり、ヤグェーロの言う「言語の夢想者」だっただろう。いろいろと考え出されたけれども結局はほとんど実験的な試みに終わった。ただその根底には「人間の精神の働きはすべて有限の記号を操作することで表せる」という考えがあった。それは20世紀のベーシックに引き継がれ、さらに現代この夢はコンピュータに託され、先端技術のITなどプログラミング言語としてあらゆる情報を記号化する技術に受け継がれている。

実用的な世界共通語へ

　19世紀末から20世紀にかけて、より実用性を求めて再び世界中で使える国際共通語への関心は高まった。今度は全く新しいものではなく、一つまたは複数の自然言語から取り出した要素を基盤としたものである。エスペラントのような人工語、またはベーシックのような自然言語を簡略化したものである。人工語としては19世紀末に発表されたエスペラントが最もよく知られ、現在でも広い範囲で使われている。エスペラントを開発したザメンホフの故郷ポーランドは当時ドイツ、ソ連など強い国々に分裂され、国家を失うという悲劇に見舞われていた。このような事情のもとで共通語への夢は一そうかき立てられたことだろう。

　エスペラントのespero自体が「希望」を意味し、国際的に共通語として役立つだけでなく世界平和のためという理念も大きく働い

ていた。接辞を最大限利用して、語を単純にして少数の語から派生語や合成語が作れる。名詞は -o、形容詞は -a、動詞は現在が -as、過去が -is などと接辞をつけて単純化され、規則性の点ではきわめて徹底している。その後もエスペラントを改定、簡略化したイドが作られ、さらにそれを修正したイエスペルセンのノヴィアルはベーシックの前年 1928 年に発表された。その後も国際共通語に向けての運動は活発で、おびただしい数の言語構想が生まれた。

またことばを絵で表したものも現れた。ノイラート（1882〜1945）はドイツの哲学者、社会学者でもあったが、1920 年頃国際図解語ともいえるアイソタイプ ISOTYPE を作った。これは現代も使われている絵文字の原型である。オグデンはこれに大変興味を持って、ベーシックについて絵付き入門書を書くように頼んだ。2 人は相談して、その結果ノイラートの *International Picture language*『国際的視覚言語』（1936）と *Basic by Isotype*『アイソタイプによるベーシック』（1937）がオグデンのミニ・サイキシリーズで出版された。前者は全文ベーシックで書かれている。ベーシックは英語の基本的な意味を視覚的に理解することで可能になった、つまりオグデンははじめからベーシックに視覚的要素という根本的原理を考えていたのだ。

他方、自然言語を修正して国際語にするという考えも現れてきた。人工語は規則的で、学習には容易でも生活感覚が薄いなどの不満もあった。そこで自然言語の学習を容易にするため簡素化という考えが出てきた。20 世紀初めにはラテン語の複雑な語尾を除いた「語尾なしラテン語」が数学者によって作られた。語尾を取ることで複雑さは少しうすれたが、動詞は何千と残ったままだった。

国際共通語としてはまず英語が取り上げられた。何しろ英語は使

用人口が多く、地域的に使用範囲も広く、何より英語そのものが複雑な語尾変化もなく文法は簡単、単語もゲルマン、ラテン両系統があってなじみの人も多く、また分析的構造など他の言語に比べ共通語にするには有利である。オグデンは近代科学の必要性を満たすのにも、分析的でさらに実用的な表現の出来る働きが必須だと考えた。つまり未来の共通語には接辞や屈折、微妙な違いもない簡素で十分役に立つベーシックこそと自信をもって主張している。

英文法の大家イエスペルセンは自然言語を共通語として使うことについて、どの国語にしても民族間での不平等がおこると反対した。人工語の方に賛成し、エスペラントをはじめいくつかを候補としてあげた。ただいずれも完全ではないと決められなかった。エスペラントは余りに印欧系が色濃く、また分析的ではないと批判した。彼はベーシックについても賛成はしていない。

オグデンは *Basic English versus the Artificial Languages*『ベーシック・イングリッシュ対人工言語』(1935)[3] を序文はベーシックで書いて、その優位さを証明している。英語は動詞がむずかしいと言われているが、その動詞を少数にしぼって整理して、学習しやすい体系にすれば共通語としても通用するし、外国人のための学習の第一歩になると主張している。第一次世界大戦後の理想主義の風潮の中で、この自然言語によるバベルの塔の崩壊という考え方は魅力的とベーシック考案を歓迎したイギリス人も多かったといわれている。

世界中で使える共通の言語をという17世紀の試みは、各国語の文字ではなく事物や考えを直接表すような記号を使った。しかし20世紀になると言語記号は自然の模倣ではなく、ソシュールの恣意的社会的習慣、つまりサインとそれが指すものは直接な関係がな

いということがはっきりしてくる。そこでそれまでのことばを事物の本性と結び付けるという試みは説明がつかなくなった。哲学言語というより現実的に世界に通用する国際語へと考えが変わってきたのだ。

　ここまで見てきたようにベーシックのごく限られた数の語でもまとまった言語の体系が出来るという可能性は全く新しいものではなかった。背後には共通の言語を追い求めた歴史が、またもっと直接的にはウイルキンズやライプニッツたちの試みもあった。オグデンはこれら先駆者らの歩みについてもくわしく調べ、丹念に研究してそれらを融合し彼自身の新しい言語理論を組み立ててベーシックを生み出したのだった。

2　言語改革を志した人々

　オグデンのベーシックはただ「バベル崩壊」の夢、国際的に共通な言語を目指しただけではなく、言語改革、言語改良の意味も含まれている。ことばの欠点に気づき、言語と思想の関係についての問題を深く考えたのもベーコンから始まって、ウイルキンズ、ロック、ライプニッツなど主に哲学者たちだった。彼ら哲学者は言語の欠陥に気づいて言語習慣を改良する必要性は説いたが、では実際にどうしたらよいか具体的な試みは見られなかった。

ことばの欠陥とオグデン

　ことばの欠陥に気づいたこれら思想家の考えの流れを編み合せて、一貫した理論の上に問題を解決したのはオグデンだった。自然言語のあいまいさが知性や思考をくもらせ、考えがことばによって

影響を受け、時に曲げられることはいつの時代でもあった。前節でみてきたようないくつもの計画言語もただ世界中で使える共通語としてだけでなく、もっと合理的で明快な思想表現を求めたものが多かった。

とりわけ20世紀初め、ことばが不適切なために人びとが出会う危険は大きかった。はっきりと自分の考えを表明できない、また受け入れたことを正確に理解して批判的に応答出来ないことは多い。ベーシック考案の背後には、何度か述べたように、特に第一次世界大戦中の報道に見られたプロパガンダに対する恐怖が大きくかかわった。その後も商業的宣伝、政治の扇動、さらにはナチズム、ヒットラーの宣伝に人々は容易に惑わされるようになった。ベーシックにも「政府のいうことに惑わされるな」という要素があって、ある人々から反発をかった面もあった。このようなことばによる混乱は、「はじめに」でも指摘したように、延々と今日までも続いている。

オグデンはことばにひそむこのような危険を強く意識し、「ことばの魔術」と名付けて生涯この問題に深く関心を寄せた。『意味の意味』でこの問題を取り上げ、健全なことばの使用のための方法を探求した。それが分析的に物事をとらえてはっきりと表現するベーシックの誕生になったのである。しかしベーシックが「ことばの魔術」の解決法でもあるというこの面の効用は残念ながら一般には余り知られていない。

言語改良運動の歴史とオグデン

ことばによる混乱、そして言語改良への動きの背景を簡単に見てみよう。先ず14世紀オッカムは普遍的、抽象的な名前はそれに対

応する実在物がない、実在するのは個物だけという唯名論的分析をした。そこから抽象物の実体化こそ誤りだと挑戦しつづけた。これは後に出るベンサムのフィクション理論の先がけとも言える。

このようなことばに対する問題を真剣に考えて論じた人々については、先のオッカム、17世紀初めからベーコン、ホッブス、ウイルキンズ、ロック、ライプニッツ、ベンサムという系列があることをオグデンは指摘している。ベーコンからベンサムまでこの2世紀の間にいわゆる orthology という新しい科学の概念を可能にするようなことばに対する新しい態度が着実に発展した跡が見て取れると認めている。

18世紀以前は言語についての急進的考えは一般に慎重にかくれるようにして話されていたとか、そのような風潮の中でこれら建設的な伝統とみなされる先駆者たちが果たしてきたことが言語の問題を新しく進めたことの意義は大きい。ただこれらの人々は主に哲学者で、オグデンがこれら思想家たちを言語学の分野で問題にしたこと自体が斬新なことだった。

これらの思想家の断片的知恵をあみ合せて、言語習慣を改善する道筋を一貫した理論がリチャーズとの共著『意味の意味』に表れている。オグデンは自分がすべきことは「ことばの魔術」の適切な歴史と、そこからの出口が基づいているデータを分析、方向づけることと考えた。先駆者たちは言語の欠点に気づいて言語習慣を改良する必要は説いても、実際にことばをどう改良するかの試みは余り見られない。彼らの考えを詳しく研究し、その流れから一貫した理論の上にユニークな解決法へと推し進めたのがオグデンで、その実践的な解決法がベーシックだった。

言語改良を試みた代表的人々

　オグデンは今あげた人々について『サイキ』でそれぞれ詳しく論じている。オグデンとのかかわりから何人か簡単に取り上げたい。ベーコンは『学問の進歩』で学問の最初の不調は人々がことばを学んで中身を学ばないことと述べている。ことばの使い方の危険を強調して、ことばが余りにも容易に意味からそれて使われることは人類そのものに対する妨害の一つととらえた。それまで言語の思考への影響は枝葉の問題とされていたが、ことばが思考に影響するのは事実で、間違った使い方が大きく理解のじゃまをすると指摘している。後に出てくるフィクションの誤りも非難したが、この問題は他の思想家たちへも、特にベンサムにも大きく影響している。

　ロック（1632～1704）も複雑な観念はいつも直接の知覚、印象に基づいた単純な観念の上に成り立つという考えを表した。これは「代用」の考えに基づいていて、語を思考の記号、思考を物の記号と見た点で近代の記号学的思考を予感させた。彼は「言語について」でことばの構造の分析とことばの働きの説明に努めた。彼の言語についての仕事は時代を先んじていて、言語が自然に持っている欠点と人々がそれを乱用することを明らかにした。ことばは絶えず使っていると、ある音とそれが表す観念の間に固い結びつきが生じ、名前を聞くと、すぐに一定の観念が浮かぶと。これはオグデンが非難した語とそれが指す意味が固く結びついていることになる。

　特に「ことばの誤用について」でいくつかの誤りとそれを正すこと、つまり人間の自覚的な努力を説いている。言語の最もはっきりした誤りははっきりした考えなしにことばを使うこと、もっと悪いのは指し示す物のないサイン、つまりフィクションで、これに注意を促している。言語の不完全さをもっとくわしく調べて正せば、論

争の大部分はなくなるだろう、そして知への、平和への道はもっと開かれるだろうというのが彼の論点だった。

　ホーン・トゥック（1736〜1812）は政治家、言語哲学者で、言語関係では余り知られていない。しかしオグデンは orthology の背景への彼の果たした事についてかなり深く研究して、『サイキ』でも詳しく解説している。彼は語を複合的なものを短く縮めたもの（縮約語）と見たが、これはベーシックの複合的な語を分解するという考えの前提でもある。言語を具体的要素に分解して、抽象的な要素は落し穴と非難して文法の分析への実りある道を開いた。彼の仕事の主な目的は、言語の性格から一般的、抽象的考えのようなものはないと証明することだった。これは後のフィクション理論に相通じるところがあり、完成はしなかったが他の人々、特にベンサムにも大きく影響しただろう。

　彼は言語の目的は思考の伝達、およびことばで手早く処理することだが、言語についての困難や論争は後者の目的を無視することから生じると考えた。文法学者らは言語の目的を思考の伝達だけに限っているため誤った方向に向かったと指摘している。言語の完全さはきちんと理解されないと、哲学の不完全さの原因の一つにもなるとも指摘している。しかし彼は半世紀もしないうちに英国でも忘れられ、言語学、哲学面で真剣に考えられるようになったのは一世紀近くも経ってからと言われている。

　こうした人々の考えの流れはベンサムの言語学へ移り、また実際にオグデンが最も大きな影響を受けたのもベンサムからで、また彼はベーシック考案とも深く関わるのでベンサムについては改めて4節で詳しく述べる。

3 同時代の人々とのかかわり

　新しい理論にはその時代の知的動向も深くかかわってくる。オグデンは同時代の関連学者たちの仕事もくわしく調べて研究し、彼らからの影響も受けていた。特に密接なかかわりがあったワトソン、ラッセル、ヴィットゲンシュタインを主にみてみよう。3人とも「代用」という概念でオグデンと共通している。その他何人かオグデンにかかわりのあった人も取り上げる。

ワトソン（1878〜1958）

　彼の行動心理学の新しい波は『意味の意味』にもかかわっている。彼の『行動主義』（*Behaviorism*）は1914年に出版された。これはアメリカでは知的歴史上画期的な出来事だったが、イギリスではそれほど大きな反響はなかった。ワトソンは自分の意識や経験を観察してそれから得られる知識を非科学的として、動物や人の行動を客観的に研究するように主張した。もはや実体のないもので研究するのではない、科学のことばから image, desire など主観的なことばを除いて観察できるものだけにしたと彼自身『サイキ』への投稿にも書いている。

　言語は考えについたサインやシンボルではなく、人の身体的習慣の集まり、筋肉や神経の動的な特性であるという考えを表した。言語はすべて観察できる行動、シゲキに対する人の身体反応から始まったもので、動物の習慣的身体反応の代わりに、人間の場合は音声で反応する。また人の幼い時の身体反応は成長するにつれて習慣的に音声にかわり、それが人の言語の特徴となると。幼児にとって最初のうちはおもちゃでも食べ物でも指さすことが「これが欲しい」

ということで、これはつまり「代用」の原理である。

　オグデン、リチャーズが『意味の意味』の研究に向かったのは、それまでの古い考え方では説明がつかなかったころで、彼らの象徴の科学に役立つ段階に達したとみた心理学は行動主義だったのだろう。ワトソンの考えは刺激にはなったはずである。オグデンらは行動主義的分析の中に思考の概念の場を喜んで認めると記している。

　ただワトソンが否定した thought という概念をオグデンらは『意味の意味』の中でも使っていた。行動主義のように心などという主観的考えを除くという見方と完全に一致した訳ではない。マッチを擦るというシゲキは外部の音と動きだが、このシゲキの記号は炎が生じるだろうという過去の経験、心の中の意識として解釈される。シゲキは心の内外両面から人に影響するとオグデンらは考えた。

ラッセル（1872 〜 1970）

　彼は先に記したヘレティックスの名誉会長でもあり、『ケンブリッジ誌』にも文を寄せ、オグデンとは個人的にも長い付き合いがあった。数学者でもあった彼は、数学をごくわずかな根元となる要素にもどし、それですべての命題が打ち立てられるという考えを示した。数学でも他の科学でも定義は出来るだけ少数のまだ定義されていない用語から始まると。彼の言語分析は数学に表れる考えの進め方と強く結びついていた。

　彼は言語についても最小限語彙というものを考えていた。科学のことばも少数の語で言い表せるし、それらによって科学分野の他のあらゆる語を定義できる。これもまさに「代用」の考えであり、定義語彙でもあるベーシックの考えと類似している。実はラッセル自身ベーシック発表の 10 年ほども前に理想言語を提案しいていた。

ただこれは文脈とは実質的に独立したもので、後にオグデンが考案したベーシックはそれとは逆に文脈に依存したものだった。それでもこれはオグデンに理想の言語を見つける直接的な刺激になったはずである。

　ただ彼の考えでオグデンにとって重要だったのは、要素的な命題からその他すべての複雑な命題が生じるというテーマだった。すべての命題を分析して、それ以上分解できないような単純、究極的な構成要素にすることが可能のようだということ。この考えは完全な言語を作り出そうとした試みすべての根底にあった。中心的なのはやはり「代用」の考えである。これはことばの大部分はもっと要素的な語で「代用」すれば簡素化できるというベーシックの根本原理と共通する。

　ラッセルの *The Analysis of Mind*『心の分析』（1921）はオグデンの国際双書の一冊として世に出た。彼も先のワトソンの考えに刺激を受け、この本にも行動主義の重要性が出ている。言語と心についての説明を一致させようと努めた。ことばと意味の結びつきはことばの使い手を通して達せられるので、話し手が語をどう理解して意味がどう作用するかの問題となる。つまり語と意味の関係はことばを使う時の人々の行動を左右する因果関係と説明している。

　ことばの理解はしげきに対する反応を含むとした。幼い時はしげきに対して身体的反応を示すが、成長するにつれてことばによるしげきが繰り返し与えられると、身体反応がことばによる反応に置きかわるようになる。これもワトソンと同じで、「代用」である。余談ながら、ラッセルはケンブリッジ大学で数学を教えていたが、オグデンと同じように反戦運動、平和運動とか婦人解放運動などに熱中したために1916年に大学を解任されている。

ヴィットゲンシュタイン（1889～1951）

　彼はオーストラリア人で、イギリスに来て数学の基礎を学びたいとケンブリッジでラッセルの教えを受けた。彼は前期の『理論哲学論考』で言語の限界を明らかにしようとした。経験を超えたところに我々の知り得るものはないという「検証可能性」の原理である。「語りえないものは沈黙しなくてはならない」という有名なことばのように、はっきりと語りえないものを哲学から除こうとした。哲学的混乱のすべては言語のずさんな使い方の結果で、あらゆる疑問は正しく公式化すれば、はっきりした答えが出る。それを示すのが分析の課題で、哲学は正しく使用すれば、ある種の言語的治療になると表明した。

　初めてことばを全面的に媒介とした哲学が生まれた。それまでヨーロッパの主流哲学では考えや推論はことばとは独立していると考えられていた。しかし彼は先の書でことばがしばしば考えをあいまいにすることを指摘して、観念的な「空言壮語」（ささいなことを偉そうに言うこと）を排除することを目指した。そしてことばの用法から容易に生じる基本的な混乱を除くためにいろいろ考えた。言語の役割は事実を描写することで、ことばと世界両方に構造上の同一性が必要とした。

　後期には日常使うことばの意味が持つゆるやかさに戻ろうとした。言語が実際に働くのは日常の場面だと考えた。『哲学探究』で「言語ゲーム」と称しているが、ことばの意味を特定のゲームにおける機能と理解する。日常のあらゆる活動をおりまぜた言語活動で、例えば店でリンゴ3個と言って代金を払えば、リンゴ3個が手に入る。実際に使うことで意味を知る、つまり語の意味は事物との対応でなく、使用そのものとみる。この考え、さらにことばの道

具性や脈略理論など彼の後期の哲学はオグデンにもっと近くなっている。

　オグデンはこの書を直接読み、ドイツ語から翻訳して英独対訳の形で自分の「国際双書」で出版した（1922）。翻訳は実際には天才的数学者のラムゼーの手を借り、序文はラッセルに書いてもらった。ただオグデンが本として学究的に編集したことは事実である。当時この書はかなり変わっていてしかもむずかしかった。それを出版することはとても勇気のいることだったようだ。ただオグデンには先見の明があり、出版で成功するだろうとの鋭い勘をもっていた、それに自分のシリーズを飾りたいという気持ちもあった。

　ただこれによってヴィットゲンシュタインの哲学を英語圏に広くひろめて20世紀哲学を変え、ヨーロッパ思想に大きな影響をもたらしたことはオグデンの偉大な業績だった。さらにこの本により著者自身もケンブリッジ大学で教えるようにもなった。彼の哲学誕生にオグデンの果たした役割は大きい。

その他の人々

　2章で紹介したが、オグデンは大学入学後すぐの頃ウェルビー夫人（lady Welby 1837～1912）と知り合い、彼女のaignificsという学問に関心を持った。これは彼女が自分の意味理論に付けた名前で、記号とそれを示す対象との関連の研究である。言語の混乱を問題にして誤りを意識的に抑えることを目指した実践的学問だった。しかし当時はまだこの新しい考えは世間からは受け入れられなかった。オグデンは一時期この考えに夢中になり彼女の後継者となった。

　1910年から文通を続けて、討論会などでも言語の使用は危機の

状態にあるという彼女の考えを熱心に紹介した。しかしこれに対する聞き手の反応は冷ややかで期待外れだった。彼女は語の固定した意味についても同じように誤りと見るなどことばの働きについてもオグデンと同じ考えをもっていた。文通も一年足らずで途絶えたが、彼女の考えは彼の「ことばの魔術」の研究に励みを与え、その後の研究に影響したことは間違いない。『意味の意味』には付け足しとして扱われたが、草稿には大きく取り上げられていたとのこと。

またパース、ソシュールなどの業績についてもオグデンは詳しく調べて研究している。

パース（1839～1914）は記号論を始めて独立した学問として哲学や科学の中心に置いた。オグデンは記号倫理学に興味を持って彼の本も自分の国際双書から出している。また『意味の意味』の附録にも彼を取り上げ、詳しく解説している。パースを同時代の人々から際立たせたのは、脈略という見地から象徴場を評価したことだった。彼は心理的脈略要素があらゆる解釈にかかわると充分意識していた。

パースの哲学的問題の実用的な扱い、また記号の科学を厳密な記述的基盤に置こうとする点をオグデンははっきり認めた。基本的要素、sign, object, interpretant（解釈項）という3者の関係が表象になるという考えはオグデンの興味をそそった。記号はその対象によって決定され、人に対する解釈の効果を決める、その効果を解釈項と名付けている。つまりそれは記号が人の心の中である活動とか記号へと規定することで作り出すもの。記号とその対象のいわば媒介的なものとしている。ルッソによれば[4]、彼のサインは「何か別の物（解釈項）を決める何か」と定義される。これは仲介の原理で、

ことばと物の間に思考という仲介を主張しているオグデンらの考えとも共通している。つまりパースはオグデンらの脈略理論の支えの一つにもなった。

ソシュール（1857〜1913）の業績についてもオグデンは高く評価した。言語の研究法での通時と共時の区別、そして徹底して共時的方法を求めたことも同じである。また彼のサインは固有の意味を持たないという恣意性について、サインとそれが指す物の間に直接の関係がないというオグデンらの考えと一致している。

ただラング（言語体系）とパロール（実際の運用言語）というソシュールの基本的区別について、ラングだけに言語学の完全な対象があるという彼の論点は批判している。オグデンは場面における発話である運用言語、つまりパロールを扱っているのだから。またソシュールの音（形式）と意味の結びつきは心の部分が抜けていて2項対立になっているが、これもオグデンらの考えとは異なっていた。

マリノウスキー（1884〜1942）とは同時代の人の中でも特に深いかかわりがあった。彼は民俗学者として原始社会でのことばについての魔術の始まりを調査、研究していた。オグデンらは『意味の意味』でことばの力について論じているが、そこで原始人の貴重な資料はしばしば現在の習慣に光を当てると述べている。ニューギニアでの彼の観察から彼らのことばを理解するには、単語の意味にしてもその言語特有の文法にしても彼らの習慣など文化的背景を知る必要がある。原始人のことばは社会的脈略からはなれると意味をなさないことなどオグデンは自分たちの「場の脈略」、「記号場」の考えとも一致すると考えた。

子供や未開人にとってことばは思考の道具ではなく、人の行為と

のつながりで機能する。彼らがある音を発するのも何か要求、不満のためで、こうしてことばは自分の欲しいものや行為をもたらす、つまりことば自身に力があると考えられる。オグデンは彼のニューギニアでの詳しい調査、研究を高く評価して、『意味の意味』の補筆に彼の調査報告をのせている。

　また同じ頃海をへだててアメリカではポーランド生まれのコージブスキー（1879～1950）も意味の性質と正しい伝達について考えていた。彼は数学者でもあり科学のあらゆる分野でことばがどう働くか、なぜ意味がはっきり伝わらないかなどを考えた。オグデンらと同じようにことばにいつもつきまとう罪とは、語と物を同じと見ること、抽象的なことばの誤った使い方などから生じる混乱と見た。彼もことばの抽象的意味と具体的場面の混同から起こる障害についてそれを防ぐことを目的としていた。

　彼は「一般意味論」の創始者でハヤカワらがその後を継ぎ、アメリカでこの実践的運動が盛んに行われた。これは意味についての理論というよりは、人々の実際の態度として一人一人が健全な意味論的反応を身につけることを目指した。その基本原則が書かれている彼の『科学と正気』（1933）は10年ほどかけて完成した。彼もオグデンと同じように第一次大戦の経験から、迫りくるファシズム的政治体制に対する抵抗としてこの問題を考えた。

　「地図は現地ではない」は一般意味論のスローガンである。ことばはそれが指しているもの自体ではない、「抽象過程への自覚」を常に持って実践することを目指している。彼らの専門誌は *Et cetra* という風変わりの名前だが、これはことばでいくら描写しても現実は言い尽くせない、その他（etc.etc.）が残っているということを指している。またことばが抽象のどのレベルか考えて、上位の抽象

的なことば注意して使うように注意している。例えば、「道具、文房具、エンピツ一般、このエンピツ」など抽象度は異なる。

　コージブスキーはオグデンと14年間も文通をして、自分の考えもことばの問題への接近法に類似点があると言い、『意味の意味』やベーシックに賛同の意を伝えた。二人の本の出版社を一緒にしようと提案し、またベーシックの本を自分も書きたいなど伝えるが、オグデンはそれらの申し出を断っている。オグデンもリチャーズも彼の考えとの間に共通点は認めても考え方に違いがあり、完全には同意できなかったようだ。

plain English 運動[5]

　オグデンとは直接的なかかわりはないが、時は過ぎて1950年代イギリスとアメリカでほぼ同時に起こったこの運動についても触れておきたい。これは英語圏で明快、簡潔なわかりやすい英語を使おうということで、もったいぶった役人コトバなどを非難した。政治、法律、商品、特に薬品の説明など誰にでも分かるやさしいことばで書こうという運動である。アメリカでは特に移民の人たちへの思いもあった。カーターは大統領令で Plain English を要請した。オバマ大統領も2013年に災害時の外国人のため、また観光客用の冊子なども原則として易しい plain English でと義務づけた。イギリスでも2005年のロンドン同時爆発テロの調査に、救急隊は常にこれを使うべきと勧めていた。

　Plain English はベーシックのように語の制限や指定などはない。ガイドラインとして、文は短く、相手に分かりやすい語を使う、本当に必要な語だけ使い、不要な語は削り、文は短くとか、抽象的な語は出来るだけさけて具体的な語を使うなどと書かれている。同じ

平易な英語を目指したベーシックと比べて Plain English の運動はかなり長く続き、広がったが、これは時代の違いもあるだろうが、何よりも英米どちらも政府、企業など国を挙げて推進活動をしていたからと思われる。

4 ベンサム（J.Bentham 1748〜1832）研究

2章で言語改革を目指した人々の系譜の最後にベンサムの名前があったのを思い出してほしい。彼らの言語改良の考えの流れはベンサムに続き、また実際にオグデンが、特にベーシック考案に関して最も大きな影響を受けたのも彼からだった。というわけで前章から時代は200年以上前にさかのぼるが本章ではベンサムを取り上げて詳しく語りたい。

ベンサムとはどんな人

ベンサムは「絶対多数の絶対幸福」を求めた功利主義者であり、元来立法家として法律史上で取り上げられて来た。しかし彼はオグデンにおとらず活動の範囲もきわめて広かった。ロンドンのユニバーシティ・カレッジの創設にもかかわり、政治、言語、教育、人口問題、公衆衛生、刑務所、郵便料金、議会代表など未来に向けての大改革に

J. ベンサム

20 も直接に責任を持ってかかわった。

　それらについては 1932 年、ベンサム没後 100 周年にロンドン大学での記念祭でベンサム学者でもあるオグデンが講演に招かれて詳しく語っている。オグデンは 1 章でも述べたように表立ったことは好まないで、学術的な組織に加わることもがんこにさけていたが、ベンサム学者としての役割は果たしたのだ。彼は半年後にその講演の原稿を論文にして、それに付録をつけて *Jeremy Bentham 1832-2032*『ジェレミー・ベンサム 1832-2032』(1932)[6]という本を出した。しかしその 10 年後彼が最後に受けた BBC 放送でのベンサムについての講演の依頼は断っている。

　ベンサムは上にあげたようにいくつもの大きな仕事をして、英国帝国の発展に大きな役割を果たしたが、当時そしてその後も一般にはあまりかえりみられなかった。しかしリチャーズは一般の評に反して、ベンサムを高度に独創的、ねばり強く、鋭く、注意深い思想家と高く評価している。オグデンも彼の *The Theory of Legislation*『立法の理論』(1931) に 50 頁もの序文を書き、その中で「50 年後にはベンサムはヨーロッパ思想の偉大な人物の一人とされているだろう」と記している。この見解は確かに彼のいくつもの貢献から正当化されている。

ベンサムのことばに関する考え

　ベンサムはまた言語にも大きな関心を持って、さまざまなことを自ら問い答えを求めていた。1) 言語の性質とは何か、2) 特に心理的言語の性質について、3) right とか belief など抽象的な語（フィクション）をどう考えるか、またそれらをどのようにフィクションでないことばに直すか、4) 言語はどう改良されうるか、5) 国

際語について何ができるかなど。オグデンより100年も前に国際語について研究して、その条件をいくつかあげていたのだ。結局英語を修正したものがよいだろうというのが彼の結論だった。international ということば自体余り知られていないがベンサムの造語である。

2章で見てきたように、それまでも先駆者たちは言語の欠点を探し出し、時にそれを正す方法を唱えたりもした。ベンサムがそれら哲学者と違う点は、ことばは欠陥があってもそれを改良しうる道具だと見たことである。そこで具体的にことばの欠陥を探し求めて、それらを直しまた和らげる方法を提唱してきた。彼はどの分野においてもことばは社会的、実際に使う上での脈略との関係で解釈、分析すべきだと主張した。

実はベンサムの多様な仕事のうち言語に関するものはオグデンが取り上げるまで100年もの間見落とされていた。オグデンこそベンサムを埋没から救い上げて、新しい理論に骨格を与えたのだった。オグデンは彼の書いたものに接したいきさつを雑誌『サイキ』（1928、4月号）に詳しく書いている。集まった資料は2段組みで6,000頁ほどの2巻の著作（死後出版）、それに原稿148包みという莫大な量だったとのこと。

最初にこれら資料を入手したのは1914頃と早かったが、まだそれを詳しく調べる時期は早いと考え、実際にベンサムの資料に手をつけ出したのは10年以上もたってからとのこと。実はファイフィンガーの『As If の哲学』を翻訳したとき（1924）、ベンサムのフィクション理論を調べる必要が出てきた。つまりオグデンはベーシック考案とほぼ同時期にベンサムについての仕事をしていたということになる。そして1928年から30年頃にはベーシック関係と並

んでベンサム理論についての論文や記事など20篇近くを『サイキ』誌上に発表している。

　ベンサムを知的歴史の上に正当な場を確保するのが自分の仕事、使命であるとオグデンは考えた。ベンサムはことばについて新しい科学を創造していた。これこそがオグデンによってorthologyと名付けられた学問で、これはベンサムの仕事に捧げた名称である。この語源は「ことばの正しい用法」だが、この新しい科学は心理学、哲学、言語学その他多くの学問領域の交差する地点である。それらを統合したのはオグデンだが、実はベンサムが初めてはっきりした形でこの学問を創り出し、一貫してこの考え方を取った。彼のフィクション理論がこの基盤になっていて、それがベーシック考案を促進した。ベンサムが行った研究の中に言語分析、言語改革の特別なプログラムのための基礎があるとオグデンは見た。これはまたオグデンのその後の仕事の中心課題となっている。

　前に取り上げたウェルビー夫人のことばと概念の重要性に基づく科学へのオグデンの熱意は一時期かなり激しかった。しかし2年ほどで彼女の仕事への熱意もさめ、significsという彼女の用語も彼はその後使っていない。それに反してベンサムの仕事へのかかわりはそれ以後彼の終生続いた。ベンサムはオグデンの知的世界を活性化し続けたのだ。

ベンサムのフィクション理論

　ベンサムの言語理論の核はfiction theory（虚構の理論）である。彼の第一の関心事はフィクション、ことばの上での作り物の実体化にまどわされるなということである。ことばは本質的に私たちが感知できる物の世界を扱う道具である。ただ実際にはことばはbook

とか pen のように現実に存在する実体を指す場合と、peace, shame, truth、value などいわゆる抽象名詞、ことばの上だけの作り物を指すことがあり、後者がフィクションでる。ベンサムのフィクション理論と言っているが、ベンサムはフィクションという用語は使っていない。これはオグデン自身が彼の考えに対して用いたのだと手紙の中で明らかにしている。

　私たちは現実に存在しない仮想の物でも apple や table などと同じような文の形で使い、それらと同様に実体があるかのように考えてしまう。Music moves a soul.（音楽は心を感動させる）という文中の語はすべてフィクションだが、The man moved the stone.（その男がその石を動かした）と文の構成は同じである。実体のあることばと自体のないことば、フィクションを区別することが重要だという。key of the question の key は「手がかり」というフィクションだが、これはメタファーで元の「戸の鍵」からの類推で分かりやすい。そうでないとはっきりしない。オグデンは彼のこの考えに深く賛同して、この概念を十分に解説してそれをはっきり伝えることが自分の重要な役目と考えた。

　オグデンはベンサムの原稿の中から彼のフィクションの考えをまとめて Bentham's Theory of Fiction『ベンサムのフィクション理論』(1932) として出版した。1世紀以上埋もれていたベンサムの言語観はオグデンによって日の目を見たのだ。その書の中でオグデンは次のように言っている、「もしベンサムがそうなるべきと意図したように、ことばのフィクション理論が哲学にとって代わるなら、それは人間の思想のあらゆる分野で、シンボリズムの完ぺきな理論の中核として発展するに違いない」と。

　これはベンサムの言語理論のまさに決定的部分で、オグデン自身

の考え、さらにベーシックにとってもベンサムから受けた創造的シゲキの核心部分である。特にベンサムが論じた次のような課題にはそれははっきり見られる――パラフレーズ（別の言い方で言い換えること）、誤りを見つけてそれを正す方法、戦争の原因とまでなるフィクション、語と物を対応する誤り、心理学と象徴学の新しい方向性、動詞より名詞を選ぶ根拠、指示的ことばと換情的ことばの区別など。

　ベンサムはどうしてフィクションに関心を持つようになったのだろうか。彼は幼児期に乳母など大人から聞かされたお化けやゆうれいの話、人形劇にでてくる小鬼などにひどくおびえて、いわれのない恐怖感を持った経験があった。現実には「お化け」などいないのに、そのことばに恐怖を感じて苦しめられてきた。さらにオックスフォード大学で学んだ講義に沢山でてきた虚構の法律用語への嫌悪感もあって、ことばのフィクションの研究をするようになったと自ら語っている[6]。

　日常でもフィクションのことばはよく使われ、それらに対象物があるように考えて、ことばの力に影響されていることは多い。もちろんフィクションのことばも言語活動には必要であり、またメタファーとして使われることで表現を豊かにしている。これはことばの節約にもなってベーシックには不可欠だ。ただこの実在物のないフィクションのことばを実体化しないことが必要だとしている。

フィクションの扱い方
　ベンサムはこのようなフィクションをどう説明したのだろうか。彼は２つの操作方法を示している。１つはフィクションも何らかの具体物と関連があって、そのつながりで正しく理解されると。例え

ば、熱（heat）は具体的な炎（flame）や火（fire）のイメージで、また語の指示を目に見える実体との関係で説明する。The earth is in motion.（動いている）という文でmotionはフィクションだが中身の空の容器ととらえ、その中に地球が入っていると考える。The horse is at rest.（休む）ではrestは杭のような物体で馬が杭につながっているように考える。in love, in troubleなども同じように愛情や困難の中にいるととればよい。このようにフィクションについても人間の具体的経験に焦点をおくようにすすめた。

　もう一つはパラフレーズで、フィクションのことばをより実体に近い具体的なことばで記述的に言い換える。例えば *fame* は great name、*liberty* は condition of being free と（ベーシックにない語は斜体に）。これは「代用」、「分解」の概念で、これこそオグデンのベーシック考案に大きな影響を与えた。

　オグデンにとっても彼のフィクション理論は言語分析の基礎的原理、言語の厄介な問題を分かり易く解決するのに力強い有利さとなった。それはベーシックの意味制約の手本となる原理となっている。特に動詞は複雑な要素が詰まってフィクションの最たるもの、代表ともいえるもので、一般の動詞はウナギのように指からすり抜けてつかみにくいとベンサムは述べている。代表的例の *disembark*（下船する）という語には get, off, ship が、*follow* には go after という意味が詰まっている。動詞の意味をはっきりさせるにはパラフレーズ、内容をくだいていくつかの要素で表すことをすすめた。このような動詞によって混乱が生じるというベンサムのこの考えがオグデンにとって一般の動詞をすべて除くというベーシックの決定的なヒントとなった。

　オグデンは2年かけて英語の動詞を丹念に調査、研究、整理し

て16にまで切り詰めた。というか、一般の動詞をすべて排除して、最も要素的、基本的な動詞16だけにした。一般に動詞はすべて動詞で、その中に特殊な動詞があるということはあまり気づかれてない。この 'No Verb' という仕組みがベーシックを可能にしたと語表の右隅にも記されている。次に他の品詞も同じように整理、縮小して850語の組織が出来上がったのだ。ベンサムからのヒントによる動詞削除の考えがベーシック簡素化の第一歩であり、またベンサムの考えはあらゆる段階で貴重な助けとなった。ベンサムからのヒントがなければベーシックは生まれなかっただろう。ことばの指示的用法と喚情的用法の区別などもベンサムがすでに考えていた。まさにベンサムは 'true father of Basic English'「ベーシックの実の父」とオグデンが言う通りである。先に述べたベンサム100周年の講演会でも彼からの恩恵についてはっきり認めている。

Panoptic という考え

またベンサムは社会改革の一つとして、より人道的な刑務所をとPanopticon（すべてが一目で見える）と名付けた建物を設計した（pan- はすべて、optic は目、視覚の意味）。彼はこの設計案を政府に提出したが、実際にはこの計画は実現されなかった。この円形の刑務所は中央に監視人がいて周囲すべてを監視できるようになっている。オグデンはベンサムの panoptic という名前、考えを気に入って、これを言語という牢獄から人々を開放する手段とたとえた。Panoptic 活用図と称してこれを定義ルートに利用して不要な語を除いた。

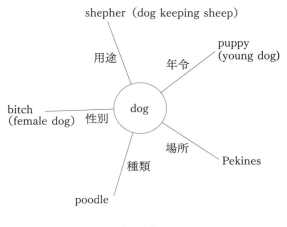

図（1）

　先ず dog を key word として中央に置き、それと大きさ、場所、年令、性別などさまざまな関係にある語を放射線の先端に置く。これは定義の技法で、語を意味の上で一つにまとめ、不要な語が除かれることになる。*puppy*（子犬）、*bitch*（めす犬）などは young dog, female dog と言えるから働きのせまいそれら先端の語は不要となる。このように各項目を検討して言い換えが出来れば不要な語は除かれる。これは『意味の意味』で論じたように、よく知られた物を出発点に類似、空間、時間、因果などさまざまな関係の定義ルートを実際に応用したものである。同じように wind を中心におけば *breeze* は soft wind と、*hurricane* は very strong wind などで定義できるから斜体字の語は不要となる。

　また教育用に Basic Word Wheel という大きさが異なる7つの同心円が重なり、同じ円には同じカテゴリーの語が置かれ、一直線に

並ぶと文になる図式を考えた。これをいろいろ試せば語と語の結びつきを目で見て理解し文の構造がはっきりする。彼はこれを Panopticon と名付けた。さらにベーシックが 1929 年試案として発表されたとき、語表に付いていた名前も Panoptic English だった（*Psyche* 1929 年 1 月号）。

2 人の関係

　このようにベンサムのオグデンへの影響はきわめて大きかった。オグデンによって埋もれていたベンサムの研究が世に出た、他方ベンサムの考えが大きなきっかけとなってオグデンのベーシックは成立した。2 人の間には 100 年以上のへだたりがあるのに不思議なほど共通点が多い。博学で多才の持ち主、興味の多様さ、活動範囲の広さ、仕事量の極端なほどの多さなど共通している。それにもかかわらず二人ともそのすばらしい功績は正当に認められなかったし、言語学者の仲間にも歓迎されなかった。

　また二人共に自分に自信はあったのに公に出ることを出来るだけ避けていた。またベンサムもオグデン同様に忙しい中でも手紙をよく書いていた。ベンサムの手紙の中には 25 頁に渡るものもある。またベンサムもオグデン同じ様に発明が好きで、通話チューブ、笑気ガスなどの実験計画が残っている。

　少々というかかなり変わり者という点も二人に共通していた。ベンサムは 21 才ですでに遺書を書き、死後解剖するよう、自分の死因が明らかになれば医学の進歩に貢献すると判断した。また 84 才死の 2 ヶ月前に解剖学者に詳しく手紙を書いている。結果的に彼のミイラ姿は現在もロンドン大学に置かれている。

　またどういうわけか二人とも生涯独身だった。1 章 2 でもふれた

ようにベンサムの原稿の中に同性愛を擁護したものがある、まだ同性愛は絞首刑という時代だったのに。またオグデンはこの原稿を丹念に調べて、それを本や『サイキ』に詳しく書いている。オグデンにしてもずいぶん勇気のいることだったろう。いずれにしても2人共このような問題に関心があったことは確かである。オグデンはベンサムとの共通点を意識して彼と同じシルエット型の指輪まで買ってはめていたとか。

5 『意味の意味』（1923）の共著

　この本はリチャーズ（I.A.Richards）との共著である。リチャーズはオグデンより3才年下で、同じケンブリッジ大モードリン・カレッジの後輩にあたる。2章1で述べたように1919年、第一次世界大戦終了の日、2人は運命的出会いをして、そこでの話し合いからこの本が生まれることになった。この書は記号、定義、言語機能、伝達など幅広い分野をカバーして内容は大変濃厚で、しかもむずかしい。理論を通してことばの誤解を正すという実践的治療を目的としている。

　当初かなり革新的な考えだったので、多くの議論を呼んだ。一世紀近く経つが、何度も版を重ね、読まれ続け、引用され、意味論研究の基礎にもなって後の研究にも大きく影響を与えている。今でも読む価値は充分にある。1983年の版は哲学者、エッセイストでもあるウンベルト・エコーの序文がついている。日本語の訳本として最新版は2008年に石橋幸太郎訳が出ている。それだけ長いこと読み続けられていることはこの書の価値を示しているのではないか。一般にはベーシックとのかかわりは余り気付かれていないが、この

書はベーシック考案の大きな背景、きっかけともなっている。

どのような本か

　初版の序でこの書を書いた動機が明らかにされている。それは言語が思想に及ぼす影響によって引き起こされるさまざまな困難を論議しようということ。それまでの言語学では意味という中心的な課題や思想と言語の関係にほとんどふれてなく、意味論の周辺分野しか研究されていない。ここで彼らは「象徴学」という、意味の研究の基礎、象徴の果たす役割とそれが思想に及ぼす影響の研究という新しい学問を打ち立てたと宣言している。

　2版から4版までの各序文には2人のその後のさまざまな仕事、著述がここから展開したことを記している。オグデンは「ことばの魔術」、ベーシック、『ベンサムのフィクション理論』などへ、リチャーズは『文芸批評の原理』、『実践批評』、『コールリッジの想像論』などへ。2人共にこの書で扱った意味論を元にそれを拡充して、多方面での著述が生まれた。『意味の意味』は2人にとって創造的な源泉になったのだ。

　この書は「言語の思想へ及ぼす影響および象徴学の研究」と副題にあるように2つの目的を持っている。1番目は言語によって引き起こされるさまざまな困難を論じて、思想をくもらせることばの力を意識させること。2番目は象徴学という科学を確立して意味の基盤を提供すること。最初の目標の広がりとして、ことばによる混乱や誤解というジャングルから抜け出す方法を提供するという3番目の目標が出てくる。オグデンらはこの問題を先ず本書で、次にベーシックによって展開した。「オグデンら」というのはオグデンとリチャーズを指している。

3章　理想の言語を求めて―ベーシック・イングリッシュの背景―

当時、特に第一次世界大戦で報道のプロパガンダの力に対する人々の恐怖感もあった。ことばを正しく理解すればお互いに分かり合い、イデオロギー的な争いも減らせるというのが彼らの信念だった。前に述べたように、それまでの哲学者たちも言語の混乱を改める必要性を説いて、その対策を提案することもあった。しかし実際に言語習慣を改良するきちんとした道筋は立てられていなかった。

　オグデンらには今まで主に哲学者たちが扱ってきたことばの問題に近づく新しいアプローチが見つかったという自信があった。一つの科目に属さない、新しい境界領域にあるこのような題目は自己に頼るしかないと初版の序文でも記している。一つの分野に属さないという点では時代に先んじていたが、伝統的な学問の世界では専門分野に属さない研究はまともに評価されにくかった。

　本書の序文に書かれている象徴学の基礎に対する本書の貢献のうち最も価値のあるものとして彼らが取り上げた4点について説明しておく。

(1)　記号の解釈を因果関係のことばで説明したこと。すべての思考作用は、物を記号として受け止めて解釈すること。

(2)　言語の働きを指示的と換情的に区別すること。ことばにはうそか本当かが確かめられるような論理的な用法と喚情的な用法がある。この2種類を区別し、喚情的なことばを指示的と受け止めないことが大切だ。

(3)　すべての議論であいまいに使われている「意味」ということばの用法をよく調べること。9章でこの語を取り上げ、いかに多義で信用できないか論じて、10章で「意味」の定義を16に分類し解説している。

(4)　雑然とことばの問題と考えられているものを検討する。同

じ語を異なるものに使い、または異なる語を同じものに用いる場合、それに同じ語でも違った語でも何も指さない場合と。それらは定義の技術で解決しうる。また何も指さない場合、言語場のはっきりした理解からの態度が必要である。

本書の内容

まず1章の「思想、事実、言葉」に出てくる有名な三角形、以下の図（2）について見てみよう。ことばとそれが指す物は直接には結びつかない、これらを1対1の対応をしてはいけないという事を示して、ことばと物を固定して単純に結びつけてしまう神秘的関係を打ち破る必要性を説いている。ことばと思想と事物はどうかかわりあっているのだろうか。

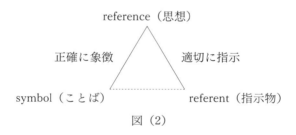

図（2）

シンボルとは人が伝達のために使う指示的な言語記号である。シンボルであることばは指示している物とは直接には対応していないので底辺は点線になっている。ことばは人が使って初めて意味を表す。ことばはそれを使う人の思想（三角形の頂点）を通して指示物に結びつく。「思想」となっているが、ことばを使う人の考えだけでなく、気分、使う場、過去の歴史など広い意味での脈略によって

指示される事物も変わってくる。思想と事物を区別すべきで、指示されるものは思想であり、伝達されるものも思想である。

　語にはそれ自体の辞書的意味はあっても、実際に使う時は同じ意味とは限らない、ことばには固有の意味はない。ことばによる誤解や混乱が起こる多くは、ことばを物の一部のようにとらえて、ことばと事物を直接結びつけることから生じる。オグデンらはこれを word magic「ことばの魔術」として非難した。本書の2章「ことばの力」でことばがどのようにして魔力を持つかその歴史や人々の態度を細かく述べている。人類は昔から物を支配する道具としてのことばに感動し、ことばに神秘的力があると見てきた。このことばの魔力は現代まで続いていることをオグデンらははっきり指摘している。

　このあやまりを除くのは記号場（3章）及び象徴場（10章）の分析によるとしている。記号場の例ではマッチを擦って炎を予期する時、過去の同じような経験があってそれで心理的反応を起こす。この因果関係は再起的脈略と言われるが、同じような経験が再び起こることで、それが記号の解釈だという。指示の脈略論をことばに応用したのが象徴場の章である。

　最後にことばが十分にその機能を果たすようになるためには記号論と教育が相携わっていく必要がある。また象徴学という新しい科学が出現しようとしているが、それに伴って新しい教育技術も現れるだろう。もし新しい方向づけを提供したという我々の主張が正当なら、今まで論じたてきた広範な実際的結果は今にも得られようと述べている。

ベーシックとの係わり

　この書の中で特にベーシックの背景としてかかわっている点を見てみよう。

(1)　定義ルートの研究は代用の概念には重要で、ベーシックの語を決めるのにも大いに役立った。定義は難しくてあいまいな語を分かりやすい語で記述的に言い直すことで何を指しているかはっきりする。出発点はすでに知られている語で、そこからいろいろな関係のルートを通して、例えば *puppy* は dog から大きさの関係で little をつけ、*bitch* も性別の関係で female dog となる。対立もメタファーという類似性も定義ルートと考えられる。

(2)　ことばの正しい使い方、象徴法の基準はベーシックの理論的基礎ともなっている。そこで論じている 6 つの基準はことばの正しい使い方を決定する基本的な公理である。

(3)　ことばの働きを指示的と喚情的用法に区別したが、ベーシックはその点事実をはっきり指示する言語であり、情緒的意味合いの強い語は出来るだけ避けて言い直している。*courteous* は kind behavior, full of respect for など、*envious* は desiring what another has などで。

(4)　混乱が生じると注意を促しているフィクションのことばもベーシックでは出来るだけ少なくし、より具体的ことばで言い換えている。特に典型的フィクションである一般の動詞は基本的 16 動詞に方位詞などより事実に近い語の組み合わせで言い換えている。

　この書は二人の共著であるが、オグデンおよび共著者のリチャーズ共に深くまた幅広い学識に恵まれていた。一人ずつの研究ではむ

ずかしいこのような大著が理想的ともいえる二人の共同研究で可能になった。リチャーズは次のように述べている[7]。二つの全く異なる気質が二つの目で物を見るように、二人は一緒になってコミュニケーションの問題を、またその誤りを一緒に見つめたと。

　二人の役割については、豊かな知識、発想の面白さ、臨機応変の才、読者たちへの意識などは主にオグデンが、他方分析や組み合わせ、後に拡大や解説をしたのはリチャーズの役割だったと。はっきりどの部分をどちらが書くという分担はなく、二人が共有した**興奮**の内に書かれたとのこと。オグデンの書体の方が読みやすいという理由で、リチャーズは歩き回ってしゃべり、オグデンがペンを持ってベッドで座って書いたという[8]。ということはこの本の多くの部分は書かれる前に声に出して、読んで構成をし、また訂正をしたことになる。

6 ベーシック・イングリッシュ考案へ

　要素的な限られた数の語で一つの言語体系を作るという考えは全く目新しいというものではなかった。1、2章で述べたように、17世紀のウイルキンズやライプニッツたちもすでに考えていた。ただ彼らが考えた普遍言語は実用化には至っていない。オグデンはここから一歩進んで、少数の要素的な語でどんな内容も伝えることが出来るだろう、それらだけで基本的英語の体系が出来るのではないかと考え、実際にそれを作ったのだ。ただ最初の思いつきから簡単にベーシックが出来たわけではない。そからはまだ長い道のりがあった。

　前にも述べてきたが、『意味の意味』で定義を比較していた時、

table から force、rabbit から power に至るまでどんな語の定義にも限られた語が繰り返し出てくることに気づいた。それがベーシック考案のきっかけとなった。その時のことをリチャーズはあるインタービューに次のように答えている[9]。2人は突然お互いを見つめて言った、「これなら1,000語以内で何でも言えるのではないか」と。二人はそれぞれ家に帰ってからどんなものが出来るか一生懸命考えた。次に会った時 "Look here, shall we drop *the Meaning of Meaning* because this is much bigger thing" と言いあったと。2人はこの本を書くのを中断してでももっと重要なこっちの方（1,000語以内で何でも言える組織）に取りかかりたいほどこの考えにすっかり夢中になっていた。

ベーシックへの思いつきから実際に

1923年『意味の意味』の出版後、オグデンは雑誌の編集その他数々の仕事をしながらもこの問題に注意を向けた。限られた語数での基本的英語が出来るだろうという2人の思いつきから実際に一つの言語体系が出来上がるのはそれほどたやすいことではなかった。たとえ10年かかってそのような英語が出来ても、極端に少ない語彙では余り抽象的でむずかしく実用には使えないだろう。実際に使うにはかなりの知識や理解力が必要だろう、また普通の英語とへだたり過ぎて自然でなくなってしまうだろう。彼はこれら難題の解決法を思いついたのだ。一つには丁度当時始めたベンサムの研究から一般の動詞を除くというヒントで、次に同じ方法で他の品詞も減らしていった。

前にも述べたが、オグデンには一つのことをいろいろ違ったことばで言い表す特殊な才能があって、それもベーシック考案には大き

く貢献したはずである。彼はこれを慎重に発展させ、他の語に言いかえると生じる意味の微妙な差をていねいに注意しながら使った。それにオグデンの関連言語科学の深い理解も結びついて出来上がったのが850の語表である。語彙の選択だけでなく、さらに重要なことは、各語のそれぞれの意味、用法、イディオムなども厳密に比較検討されて、選び抜かれ順序だった有機的な組織なのだ。

ことばを減らしていく過程で、語は少ないほど学習には容易だが、その結果普通英語の用法とへだたってしまう、また少ない語をあいまいにならないように使うのはとてもむずかしい。また語を減らしたり、増やしたりと散々検討し、一時期まるでアコーディオンのように伸び縮みしたとリチャーズは後に思い出を語っている[10]。そこには次の3つの理念がある。1）あらゆる目的にかなう、2）現在の英語用法と一致していること、3）語彙、特に動詞の制限で統語上も単純、分かりやすく、規則的にすること。

ベーシックが出来上がったのにはオグデンのこうした才能や努力だけではない。英語そのものの特性が大きくかかわっている。フランス語、スペイン語など他のインド・ヨーロッパ系の言語には見られない分析性という特質が英語にはあったから。オグデンは英語そのものに内在しているこのような簡素化の可能性があることを見抜いたのだ。

オグデンが語彙簡素化へのいろいろな原理を思いついたのは早く、大学入学当初頃と述べている。当時それに関しての書き留めた100頁ほどの手帳が残っている。2章で述べたように、その時期『ケンブリッジ誌』に外国の報道記事の翻訳をのせたことから、翻訳、国際理解などの問題に関心が高まり、これもベーシックへの推進力となった。

15冊もの翻訳、また1920年代初めからは2つの雑誌編集、5種類ものシリーズ編集、それに心理学関係の本を書くなどきわめて忙しい日々を送っていた。そんな時期、時間と細かい集中力、労力を要するベーシック完成へという大仕事をいったい何時していたのか信じられない思いがする。

『サイキ』からベーシック完成を

　次に『サイキ』巻頭の論説などからベーシック完成までのオグデンの足跡をさっとたどってみよう。1926年7月号の彼の論説は"The Rape of Lock"（錠の略奪）という奇妙な題である。言語の研究者にとって直接かかわる心理学の分野はシンボルを扱うものだが、誰もこの仕事をしていないと嘆き、新しい言語研究への期待を表している。今日心理学が必要としているのは言語調査の研究所で、援助金さえあれば境界領域のさらなる研究が出来ると述べている。タイトルの意味は「せっかく鍵を手にしているのに、長年冗長な意味のないことばでおおいかくされている錠を見つけ出せないままにしておくべきではない」と比喩を使って新しい言語研究を期待している。

　1927年7月号では"Orthology"（ことばの正しい使い方）という題で論じている。この年 Orthological Institute という研究所を開設した。これは一般的言語研究、実験のための組織で言語学と心理学の境界分野の研究を目指した。ベーシック発表後は主にベーシックの研究、関連書の出版、教材作成、教師養成などその普及活動の根拠、本拠となった。

　またこの号では「Iope 対 Dope」というオグデン特有のしゃれを生かしたまたも奇妙な題の小論が書かれている。lope とは

eye-opener（目を見開かせるようなこと）の略で、このような新しい言語の研究は eye-opener で、その成果はことばの上での dope（間抜け）にとっての解毒剤になるだろう。lope の要素はいろいろな教育機関で学び取られるべきだと。

　1928 年 1 月号には「英語の未来」という題目で、初めてベーシックの兆しがはっきり見られる。ここではことばやその用い方に関心があるのに、一般に言語学研究が不毛の分野に向けられているのを異常だと非難している。未来は最も早く簡素化できる言語にかかり、英語の簡素化は orthology の最も重要な部門であると断言している。最初の課題は、特別な目的や状況のために語数を決めること、それには翻訳や言い換えなどのために伝達レベルの研究も必要だとしている。

　実際の会話やその他いろいろ調べた結果 1,000 語くらいの物や出来事の名前とそれらを結び付け操作する仕掛けの語 500 くらい必要だろうと分かったと述べている。問題はどこで利点のバランスを取るかだ。簡潔さ、規則性、経済性、学習しやすさ、範囲の広さ、明晰性、自然らしさなど。すべてを出来るだけ満足させるため、うんざりするほどの綿密な実験調査、比較などが必要だった。他方この年からオグデンはベンサム研究の成果を論文として次々に発表している。ここではベンサムが文体の優雅さより明晰さを優先し、動詞より名詞を好む主旨が見られることを指摘しているし、4 月号ではベンサムの動詞に対する考えをくわしく解説している。

　1928 年の 7 月号では "Debabelization"（言語の混乱をなくすこと）という題で、パノプティック活用図、先にあげた図（1）の原理を紹介して、語彙を減らすのにどう利用できるか実例を出して説明している。1929 年 1 月号では 'Universal English' という題で

Panoptic English（一目ですべての語が見える）と名付けた 850 の語表と共にベーシックの理論、仕組が発表された。この語表では動詞に say, see, send はない。科学的に選ばれた語からなる国際補助語であるとして、巻末にベーシック訳の実例も載せている。またこれはあくまで試案で、各専門家の意見、協力を求めるため、外国での版権などのためとしている。ここに至るまで協力者たちのさまざまな分野のベーシック訳によって確かめられたと述べている。

　動詞の縮約的性質（さまざまな要素が詰まっている）がかくされている限り語彙は充分に減らせないし、またこれは英語以外の言語では無理だと明言している。また日本の例まであげ、それまでのあらゆる伝統的な英語教育の努力も失敗で、今パーマーが新しい技術を導入していると記している。この自分たちの語彙は実用的、理論的基盤をなしているので、これをパーマー研究所の語彙のプログラムに応用すれば日本の学生たちも短時間でこの組織を操れるようになるだろうと期待している。

　1930 年 1 月号がベーシック公表となる。ここに一年前の試案の語表をいくらか入れ替えて、修正した語表が発表された。この論説の題名は "Penultimate"（最後から 2 番目）となっている。これはベーシックの理論的、心理学的、言語学的背景が最後から 2 番目の段階に入ったことを示している。次の号までにこれら研究の応用が実用的組織の形で完成するという意味で。それが一般の人々に役立つようになるのは日数の問題としている。

4章 ベーシック・イングリッシュの魅力

　前章で述べたようにオグデンはさまざまな仕事をしてきたが、中でも最も大きな業績、そしていろいろな仕事の集積がベーシックの考案と言える。ベーシックの基盤の原理は、どの語の意味を定義、説明するのにも基本的 idea の数はごく限られているということ。オグデンは少ない語でも働きが大きく、つまり伝達能力が大きく、はっきりした語なら一般的なことは何でも言えると考えて、一つの英語体系を作り上げた。それらは言語の中でも根源的な働きをする、結果的に重要な思想、感情、日常生活、社会生活に必要な情報交換に欠くことができない最低限の語でもある。英語の文法に従いながら、少し遠回りかもしれないが、自然で明快な英語で表現できるように工夫されている。本章ではこのベーシックについて詳しく見ていこう。

ベーシックとは

　オグデンはベーシックの目的を3つあげている、① 国際補助語、平等で公平な世界共通言語として、② 外国人には入門期の英語学習に、③ 英語が母語の人には明晰な思考の道具としてと。現に英語はほぼ世界中で使われ、ネット上も共通語、事実上国際語となっている。そこで非英語圏の人々にとって英語学習の第一歩という役目は大きい。またはっきりしたベーシックを使うことで私たちも結果的に思考の明快さが得られる。つまり一般には気づかれていないが、ベーシックは「ことばの魔術」から解放される手段として

の役割もある。さらに「英語の核、小宇宙」とも言えるベーシックからは英語、また言語の働き全般についても学べる。

　Basic という名前は文字通り「基礎の、根本的な」という意味でもあるが、British, American, Scientific, Industrial, Commercial の頭文字をとったとも言われている。イギリス、アメリカ、科学、産業、商業に用いられるというこの名称から、ベーシックは本来情緒を表す文学などより、実務や科学など具体的物事を指示するのに適した言語であることが分かる。

　ベーシックは、今まで見てきたように、オグデンの類まれな才能、洞察力、多くの知識人や莫大な読書から得られた幅広く奥行き深い知識、彼の情熱などから考えられたものだ。ただベーシック考案の種はベンサムの fiction 理論にあって、これがオグデンにとってベーシック考案の大きなきっかけとなった。さらに英語自体に内在する特異性である分析性や品詞転換の自由などの特性を土台に出来上がったものである。

　さて私たちは日本語でも何か言いたいとき、たまたまそれを表す語を知らないとか思いつかないこともある。そんな時はどうするだろうか、「回避ストラテジー」と言われるが、その語をさけて他の言い方をする。それに代わるより一般的なやさしいことばを使うとか、またはその意味をくだいて「ほらあの…に使うもの」などと説明的に言う。これは人や土地の名前など思いつかない時に「あの角から２軒目に住んでいる人」などと言う。伝達に必要なのは語ではなく意味なのだから。とすれば日常生活では数多くの語は必ずしも必要ではない。

　ベーシックではむずかしい語もくだいてやさしく表すことが代表的である。この分解による生産力は、先にも触れた英語の構造その

ものの分析性による。同じインド・ヨーロッパ系の他の語などにはあまり見られないこの英語の特質をオグデンが見抜いたことはすばらしいことだった。本章では彼が考案したこのベーシックについてその魅力を探っていこう。ただベーシックは完ぺきというわけではない。弱点にもふれ、今後の姿も考えてみたい。

1 850 語の世界

わずか850語、動詞が16だけで英語が書けるわけがないと疑わしく思う方も多いだろう。そこでまずベーシックで書いた文を読んでみて欲しい。

Basic English is a simple form of English with a limited number of words (850) and simple rules, but still it is a normal English. There are no changes in normal order and behavior of these words in everyday English. It is an English in which 850 words do all the work of 20,000, enough to make a clear statement of ideas. We are able to say almost anything of general interest in it.

Basic English was worked out by C. K. Ogden and was made public in 1930. It was designed as an international second language and a first step to full English. It is at times taken as a list of 850 words but in fact it is a highly ordered system of English.

Basic English had good days for years with branches of its organization in almost 30 countries for teaching and putting it across widely. About 200 books in or about Basic were in print and were on market by 1939. In 1945 Churchill gave a talk in support of

Basic English. After the end of the Second World War, however, there has been less interest in it.

　立派な英語とは言えないだろうが、意味ははっきり伝わると思う。実際に何冊もの本がベーシックで書かれ、また普通英語で書かれた本のベーシック訳も多数ある。

　受験勉強などで苦労して何千語もの英単語を日本語の訳との対応で覚えてきても、実際に英語で何か言おうとしても口にでてこないことは多い。それがA4版一枚に収まる850語でほとんどのことは何でも言えるとは信じがたいことだろう。確かに読んだり聞いたりの受信には数多くの語を知っている方がよい。ただ話したり書いたりする発信には断片的に語を沢山覚えるよりも、少数でも働きの大きい語を自分の物にして上手に使いこなす方が重要である。それに思っていることを100%言えなくても、ただ黙っているよりはやさしい語で70〜80%伝えられればその方がよいではないか。

英語の特性、語彙と文法

　英語自体が他のヨーロッパの言語に比べ、文法は簡単だけれど語彙（ある言語の中の単語のすべて、総体）は豊か、つまり語数が非常に多い。歴史的にみてみよう。古代英語のころはややこしい活用をする語形変化がかなりある言語だった。8世紀ごろから北のヴァイキングの度重なる侵略でデーン人の古ノルド語が入ってきた。これは英語と同じ系列で、give, get, takeなど日常語が多く、自然と混ざりあっていくうちに語尾変化がすり減ってきた。動詞の活用などでそれまで1語に詰められていた語尾変化の要素が別々の語で表される、つまり分析が行われるようになった。前置詞などが外に

でて働きが大幅にふえ、また語順も定着するようになった。現代英語のような語尾変化の余りない言語を分析的言語という。

この分析的というのは語の内容を分解して言い表す可能性で、英語は特に動詞でその傾向が強いことばである。複雑な内容の語をくだいて分かり易く言うことができる。先にも言ったようにヨーロッパの他の言語では英語のような分析性はない。例えば、英語ではラテン系の enter と元来の go into があるが、フランス語、スペイン語、イタリア語などは enter に相当する一語だけである[1]。それらの言語では 850 語のベーシックに匹敵するような体系はむずかしい。

語彙については、さらに 11 世紀頃に入ってきたノルマン系のフランス語、さらにラテン語などが混ざって大幅に増えてきた。特に上流階級だったフランス人たちが使った知的な専門用語がたくさん入ってきた。つまり英語には元来のゲルマン系の語（多くは日常的平易な語）とフランス語などラテン系の語（やや形式ばった語）が共存じている。例えば、は help—*aid,* walker—*pedestrian,* go up—*ascend,* give—*provide* など（本章でもベーシックでない語は斜体で）。いずれも前者はゲルマン系、後者はラテン系の語である。英語の語彙の 6 割はラテン系と言われているが、基本的な語についてはゲルマン系の方が多い。ベーシックでは基礎的な語が多いのでゲルマン系が主体となるが、オグデン自身は国際語としてのベーシックはゲルマン系にかたよらないようにしたと言われている。

語彙の選び方

外国語を学習するには一般に語数を増やすことは必須と考えられている、しかし実際にはどうしても覚えておく語数は一定以下でなくては無理である。一般の 1,000 語、2,000 語などの制限語彙はほ

とんど頻度の高さから統計的に選ばれている。ただ統計的に選ぶと高度の思想を表すのに必要な語がもれたり、必ずしも必要でない語がまぎれ込んだりする。ベーシックでは英語の莫大な量の語彙を思い切って整理して、頻度からではなく、有用、働きの大きい基本的な語に絞った。

　働きが大きいとは他の語をやさしく説明、言い換えられることで、定義、代用に使えることである。それは逆に言えば、それらの語がないと他の意味を説明できないことになる。それらは分析的にはっきりと知的に表現するのに必要な語である。人間にとって大切なことを表現するのに不可欠な英語の中の根源的働きをしている意味の原子のようなもの、「英語の核」ともいえる語群である。もちろん結果的には頻度も高い。使用される領域も広く、情報量も大きい。

　ベーシックは働きの大きい語を選んだが、大事なことは、ただ寄せ集めただけではなく、一つの組織となっている。この語があればこの語はいらないとか、語と語の間の自然な結びつき、かかわりも考えに入れて有機的な組織の中で果たす役割から考えられた。

　私たちはふだんあまり意識していないが、ことばにはあまり出番のないぜいたくな語と、人間にとって大事なことを表すために欠かせない語がある。基本的な日常よく使う basic words とあまり使い出のない non-basic words である、もちろんはっきり区分けはできないが。数からいえば、ぜいたくな語の方が絶対的に多く、基本的な語はそれほど多くはない。ジップの法則[2]というのがあるが、それは頻度の高い語ほど数は少なく、また語の長さが短いという。ベーシックのような基本的な basic words は結果的には頻度も比較的高く、語数はきわめて少なく長さも短い。ベーシックの語も長さは

半数以上が1音節である。

オグデンは私たちが普段使っていることばの大部分が次のような性質のもので、それらはもっと実体に近い要素的なことばで置きかえられると考えた。

① 形の上では一語でも、速記記号のようにいくつかの意味要素を含んでいる（特に動詞）。
lamb は young sheep、*italics* は sloping print、*scarlet* は bright red、*accelerate* は go more quickly などで。

② 指しているものの多くは実体のない抽象的なもの、フィクションである。
fame は great name、*hunger* は need for food、*liberty* は condition of being free で。

③ 人や物について言うことの多くは喚情的なことばである。
courteous は kind, polished in behavior、*envious* は desiring that another has、*bitch* には「あばずれ」の意味もあるので female dog とすれば悪感情はなくなる。

人間の最も一般的な経験、動作、考え、経験などを示す核となるような語を英語の中から探すとどんな語群になるか。それは英語という言語の持つ特殊性の中に見出せる。英語は比較的具体的であり、先にも言ったように内容を分解して表す傾向が強く、また品詞転換が比較的自由である。ベーシックは英語の発展途上本来的に備わった可能性だった。「ベーシックは invention ではなく discovery である」と言われている通りである。全く新しいものを発明したのではなく、すでにある英語の特性から発見したのだ。オグデンがこのような英語の特質を見抜いてそれを活用したこと自体すばらしいことである。

また850語を選んだ基準として次のような条件があげられている。1) 語の内容を分解して言い直す（定義する）力がすぐれている、2) ごく普通の自然な現代英語である、3) 分かり易い比喩によって意味が自然に広がる、4) 特別な専門分野でだけ使われる語ではない、5) 特に感情を刺激するのが目的の語ではない、6) 文学スタイルのためのぜいたくな語でないと。

850 の語表

　先ず 850 の語表を見てみよう。A4 版の紙一枚に収まるこの語表はベーシック関係の本すべてに付いている。次頁にあるので見て欲しい。伝統的な 7 品詞の分類とは違い、ベーシックでは語の働きにより、作用、事物、性質と大きく 3 つに分けている、100 の Operations（操作、作用する語）、600 の Things（事物の名前）、150 の Qualities（性質を表す語）と。

　Things 600 の中には box, egg, hand など絵で表せるような個々の物の名前 Pictured 200 と、絵には表せない一般的事物 General 400 に分けてある。後者には blood, cotton, stone, water などの物質の名前、attraction, power, respect, society など抽象名詞、act, look, control, touch など動作の名前、絵には表せない animal, building, part その他がある。この区分けは全く便宜上のものである。

　ことばは本質的に私たちが感知できる「もの」の世界を扱う道具であるとオグデンは考えた。先ず目で見て手で触れることのできる個別的具体物が典型的な指し示す語である。具体的な基本となる意味が元になって、それが拡大してメタファーなどの用法が生じてくる。ベーシックでは全体の 850 語のうち 600 が物の名前であるこ

BASIC ENGLISH

OPERATIONS ETC. 100	THINGS 400 General				THINGS 200 Pictured	QUALITIES 100 General	QUALITIES 50 Opposites	EXAMPLES OF WORD ORDER
COME	ACCOUNT	EDUCATION	METAL	SENSE	ANGLE	KNEE	ABLE	AWAKE	
GET	ACT	EFFECT	MIDDLE	SERVANT	ANT	KNOT	ACID	BAD	THE
GIVE	ADDITION	END	MILK	SEX	APPLE	LEAF	ANGRY.	BENT	CAMERA
GO	ADJUSTMENT	ERROR	MIND	SHADE	ARCH	LEG	AUTOMATIC	BITTER	MAN
KEEP	ADVERTISEMENT	EVENT	MINE	SHAKE	ARM	LIBRARY	BEAUTIFUL	BLUE	WHO
LET	AGREEMENT	EXAMPLE	MINUTE	SHAME	ARMY	LINE	BLACK	CERTAIN	MADE
MAKE	AIR	EXCHANGE	MIST	SHOCK	BABY	LIP	BOILING	COLD	AN
PUT	AMOUNT	EXISTENCE	MONEY	SIDE	BAG	LOCK	BRIGHT	COMPLETE	ATTEMPT
SEEM	AMUSEMENT	EXPANSION	MONTH	SIGN	BALL	MAP	BROKEN	CRUEL	TO
TAKE	ANIMAL	EXPERIENCE	MORNING	SILK	BAND	MATCH	BROWN	DARK	TAKE
BE	ANSWER	EXPERT	MOTHER	SILVER	BASIN	MONKEY	CHEAP	DEAD	A
DO	APPARATUS	FACT	MOTION	SISTER	BASKET	MOON	CHEMICAL	DEAR	MOVING
HAVE	APPROVAL	FALL	MOUNTAIN	SIZE	BATH	MOUTH	CHIEF	DELICATE	PICTURE
SAY	ARGUMENT	FAMILY	MOVE	SKY	BED	MUSCLE	CLEAN	DIFFERENT	OF
SEE	ART	FATHER	MUSIC	SLEEP	BEE	NAIL	CLEAR	DIRTY	THE
SEND	ATTACK	FEAR	NAME	SLIP	BELL	NECK	COMMON	DRY	SOCIETY
MAY	ATTEMPT	FEELING	NATION	SLOPE	BERRY	NEEDLE	COMPLEX	FALSE	WOMEN
WILL	ATTENTION	FICTION	NEED	SMASH	BIRD	NERVE	CONSCIOUS	FEEBLE	BEFORE
ABOUT	ATTRACTION	FIELD	NEWS	SMELL	BLADE	NET	CUT	FEMALE	THEY
ACROSS	AUTHORITY	FIGHT	NIGHT	SMILE	BOARD	NOSE	DEEP	FOOLISH	GOT
AFTER	BACK	FIRE	NOISE	SMOKE	BOAT	NOTE	DEPENDENT	FUTURE	THEIR
AGAINST	BALANCE	FLAME	NOTE	SNEEZE	BONE	NUT	EARLY	GREEN	HATS
AMONG	BASE	FLIGHT	NUMBER	SNOW	BOOK	OFFICE	ELASTIC	ILL	OFF
AT	BEHAVIOUR	FLOWER	OBSERVATION	SOAP	BOOT	ORANGE	ELECTRIC	LAST	DID
BEFORE	BELIEF	FOLD	OFFER	SOCIETY	BOTTLE	OVEN	EQUAL	LATE	NOT
BETWEEN	BIRTH	FOOD	OIL	SON	BOX	PARCEL	FAT	LEFT	GET
BY	BIT	FORCE	OPERATION	SONG	BOY	PEN	FERTILE	LOOSE	OFF
DOWN	BITE	FORM	OPINION	SORT	BRAIN	PENCIL	FIRST	LOUD	THE
FROM	BLOOD	FRIEND	ORDER	SOUND	BRAKE	PICTURE	FIXED	LOW	SHIP
IN	BLOW	FRONT	ORGANIZATION	SOUP	BRANCH	PIG	FLAT	MIXED	TILL
OFF	BODY	FRUIT	ORNAMENT	SPACE	BRICK	PIN	FREE	NARROW	HE
ON	BRASS	GLASS	OWNER	STAGE	BRIDGE	PIPE	FREQUENT	OLD	WAS
OVER	BREAD	GOLD	PAGE	START	BRUSH	PLANE	FULL	OPPOSITE	QUESTIONED
THROUGH	BREATH	GOVERNMENT	PAIN	STATEMENT	BUCKET	PLATE	GENERAL	PUBLIC	BY
TO	BROTHER	GRAIN	PAINT	STEAM	BULB	PLOUGH	GOOD	ROUGH	THE
UNDER	BUILDING	GRASS	PAPER	STEEL	BUTTON	POCKET	GREAT	SAD	POLICE
UP	BURN	GRIP	PART	STEP	CAKE	POT	GREY	SAFE	
WITH	BURST	GROUP	PASTE	STITCH	CAMERA	POTATO	HANGING	SECRET	WE
AS	BUSINESS	GROWTH	PAYMENT	STONE	CARD	PRISON	HAPPY	SHORT	WILL
FOR	BUTTER	GUIDE	PEACE	STOP	CARRIAGE	PUMP	HARD	SHUT	GIVE
OF	CANVAS	HARBOUR	PERSON	STORY	CART	RAIL	HEALTHY	SIMPLE	SIMPLE
TILL	CARE	HARMONY	PLACE	STRETCH	CAT	RAT	HIGH	SLOW	RULES
THAN	CAUSE	HATE	PLANT	STRUCTURE	CHAIN	RECEIPT	HOLLOW	SMALL	TO
A	CHALK	HEARING	PLAY	SUBSTANCE	CHEESE	RING	IMPORTANT	SOFT	YOU
THE	CHANCE	HEAT	PLEASURE	SUGAR	CHEST	ROD	KIND	SOLID	NOW
ALL	CHANGE	HELP	POINT	SUGGESTION	CHIN	ROOF	LIKE	SPECIAL	
ANY	CLOTH	HISTORY	POISON	SUMMER	CHURCH	ROOT	LIVING	STRANGE	
EVERY	COAL	HOLE	POLISH	SUPPORT	CIRCLE	SAIL	LONG	THIN	
NO	COLOUR	HOPE	PORTER	SURPRISE	CLOCK	SCHOOL	MALE	WHITE	
OTHER	COMFORT	HOUR	POSITION	SWIM	CLOUD	SCISSORS	MARRIED	WRONG	
SOME	COMMITTEE	HUMOUR	POWDER	SYSTEM	COAT	SCREW	MATERIAL		
LITTLE	COMPANY	ICE	POWDER	TALK	COLLAR	SEED	MEDICAL	NO 'VERBS'	RULES
MUCH	COMPARISON	IDEA	PRICE	TASTE	COMB	SHEEP	MILITARY	IT	
SUCH	COMPETITION	IMPULSE	PRINT	TAX	COW	SHELF	NATURAL	IS	ADDITION OF 'S'
THAT	CONDITION	INCREASE	PROCESS	TEACHING	CUP	SHIP	NECESSARY	POSSIBLE	TO THINGS ENDING
THIS	CONNECTION	INDUSTRY	PRODUCE	TENDENCY	CURTAIN	SHIRT	NEW	TO	IN 'ER,' 'ING,' 'ED'
I	CONTROL	INK	PROFIT	TEST	CUSHION	SHOE	NORMAL	GET	FROM 300 NAME
HE	COOK	INSECT	PROPERTY	THEORY	DOG	SKIN	OPEN	ALL	WORDS
YOU	COPPER	INSTRUMENT	PROSE	THING	DOOR	SKIRT	PARALLEL	THESE	ON
WHO	COPY	INSURANCE	PROTEST	THOUGHT	DRAIN	SNAKE	PAST	WORDS	THE
AND	CORK	INTEREST	PULL	THUNDER	DRAWER	SOCK	PHYSICAL	ON	BACK
BECAUSE	COTTON	INVENTION	PUNISHMENT	TIME	DRESS	SPADE	POLITICAL	THE	OF
BUT	COUGH	IRON	PURPOSE	TIN	DROP	SPONGE	POOR	BACK	
OR	COUNTRY	JELLY	PUSH	TOP	EAR	SPOON	POSSIBLE	OF	'LY' FORMS
IF	COVER	JOIN	QUALITY	TOUCH	EGG	SPRING	PRESENT	A	FROM
THOUGH	CRACK	JOURNEY	QUESTION	TRADE	ENGINE	STAMP	PRIVATE	BIT	QUALITIES
WHILE	CREDIT	JUDGE	RAIN	TRANSPORT	EYE	STAR	PROBABLE	OF	
HOW	CRIME	JUMP	RANGE	TRICK	FACE	STATION	QUICK	NOTEPAPER	DEGREE
WHEN	CRUSH	KICK	RATE	TROUBLE	FARM	STEM	QUIET	BECAUSE	WITH
WHERE	CRY	KISS	RAY	TURN	FEATHER	STICK	READY	THERE	'MORE' AND 'MO'
WHY	CURRENT	KNOWLEDGE	REACTION	TWIST	FINGER	STOCKING	RED	ARE	
AGAIN	CURVE	LAND	READING	UNIT	FISH	STOMACH	REGULAR	NO	QUESTIONS
EVER	DAMAGE	LANGUAGE	REASON	USE	FLAG	STORE	RESPONSIBLE	'VERBS'	BY CHANGE OF
FAR	DANGER	LAUGH	RECORD	VALUE	FLOOR	STREET	RIGHT	IN	ORDER,
FORWARD	DAUGHTER	LAW	REGRET	VERSE	FLY	SUN	ROUND	BASIC	AND 'DO'
HERE	DAY	LEATHER	REGRET	VESSEL	FOOT	TABLE	SAME	ENGLISH	
NEAR	DEATH	LEARNING	RELIGION	VIEW	FORK	TAIL	SECOND		FORM-CHANGES
NOW	DEBT	LEATHER	REPRESENTATIVE	VOICE	FOWL	THREAD	SEPARATE	A	NAMES OF ACTS
OUT	DECISION	LETTER	REQUEST	WALK	FRAME	THROAT	SERIOUS	WEEK	AND 'THAT,' 'THE
STILL	DECREE	LEVEL	RESPECT	WAR	GARDEN	THUMB	SHARP	OR	'I,' 'HE,' 'YOU,'
THEN	DESIGN	LIFT	REST	WASH	GIRL	TICKET	SMOOTH	TWO	'WHO,' AS IN
THERE	DESIRE	LIGHT	REWARD	WASTE	GLOVE	TOE	STICKY	WITH	NORMAL ENGLI
TOGETHER	DESTRUCTION	LIMIT	RHYTHM	WATER	GOAT	TONGUE	STIFF	THE	
WELL	DETAIL	LINEN	RICE	WAVE	GUN	TOOTH	STRAIGHT	RULES	MEASURES
ALMOST	DEVELOPMENT	LIQUID	RIVER	WAX	HAIR	TOWN	STRONG	AND	NUMBERS
ENOUGH	DIGESTION	LIST	ROAD	WAY	HAMMER	TRAIN	SUDDEN	THE	DAYS, MONTHS
EVEN	DIRECTION	LOOK	ROLL	WEATHER	HAND	TRAY	SWEET	SPECIAL	AND THE
NOT	DISCOVERY	LOSS	ROOM	WEEK	HAT	TREE	TALL	RECORDS	INTERNATIONA
ONLY	DISCUSSION	LOVE	RUB	WEIGHT	HEAD	TROUSERS	THICK	GIVES	WORDS
QUITE	DISEASE	MACHINE	RULE	WIND	HEART	UMBRELLA	TIGHT	COMPLETE	IN ENGLISH
SO	DISGUST	MAN	RUN	WINE	HOOK	WALL	TIRED	KNOWLEDGE	FORM
VERY	DISTANCE	MANAGER	SALT	WINTER	HORSE	WATCH	TRUE	OF	
TOMORROW	DISTRIBUTION	MARK	SAND	WOMAN	HOSPITAL	WHEEL	VIOLENT	THE	
YESTERDAY	DIVISION	MARKET	SCALE	WOOD	HOUSE	WHIP	WAITING	SYSTEM	THE
NORTH	DOUBT	MASS	SCIENCE	WOOL	ISLAND	WHISTLE	WARM	FOR	ORTHOLOGIC
SOUTH	DRINK	MEAL	SEA	WORD	JEWEL	WINDOW.	WET	READING	INSTITUTE
EAST	DRIVING	MEASURE	SEAT	WORK	KETTLE	WIRE	WIDE	OR	LONDON
WEST	DUST	MEAT	SECRETARY	WOUND	KEY	WORM	WISE	WRITING	
PLEASE	EARTH	MEETING	SELECTION	WRITING			YELLOW		
YES	EDGE	MEMORY	SELF	YEAR			YOUNG		

とは、名詞が圧倒的な役割を果たしている。名詞主体の英語と言える。名詞は視覚的にも理解が助けられる利点もあり、学習には容易である。

　Qualities の中には 100 語の General の他に 50 の Opposites が別枠に区別されているが、これもただ学習上の便利さのためと言われている。Opposite とは対になる語、反意語のことで、この欄の語はその中または他の個所に対の語がある、bent-straight, dry-wet, public-private など。後で詳しく扱うが、オグデンはこの「対立」という考えを重視した。

　形容詞のあるものは cold water, open door, red dress, regular meeting のように物を区別するものと、beautiful girl, good idea, cruel man ように感情を表すものがある。前者ははっきりしているが、後者の用法には注意が必要である。ベーシックでは前に述べたように喚情的な意味を出来るだけ中立的なことばで表すようにしている。*fine, nice, wonderful* などはただ「よい」という感覚だけで、はっきりした意味は表していない。そこでベーシックでは *fine* day や wine は bright and warm day, first-rate wine などで、*nice* は kind person, pleasing girl で、*wonderful* は expert music-player, uncommonly good memory などと表している。

　左端にある 100 語は Operations（操作詞または作用詞）という名前の通り、他の語を操作して文を築き上げる働きをする。これらは自然な文を作り上げるのに必要最低限の語で、文構成にどうしても必要不可欠な語群、統語上の要素としてきわめて重要である。100 語の中には文の要となる基本的動詞 16 語、方向や位置を示す directives（方位詞）と呼ばれる前置詞、副詞 20 語、それに almost, much, quite など注意が必要な副詞その他が入っている。これらは

最重要であるだけでなく、学習上も一番むずかしいので注意を促すためにも別枠になっている。この operations を別枠にして取り上げたことはベーシックの大きな特徴であり、すばらしい考えである。

　一般に語は機能語と内容語とに分けられて、この作用を表す語群は機能語にあたる。ただ動詞は内容を表すので一般には内容語となっているのに、ベーシックでは 16 の動詞が機能語である Operations に入っているという点が特異である。何故ならこれらの動詞は次章で述べるように、主に単純な身体的動作を表すが意味自体は軽く、それ以上に他の語を操作、関係づける働きが大きいから。

　さらに大切なことは、オグデンは 850 の語を選んだだけでなく、一つずつの語の意味も使い方もはっきり示していること。一般的な語ほど意味の幅は広く、一語でいくつもの意味を表す。例えば、take は大型辞書では 40 ほどの意味が出ている。無制限に意味が広がっては初期の学習段階にはそぐわない。各語のベーシックで使える意味と使い方についてはオグデンの *The Basic Words* (1932) にはっきり記されている。

　普通一般の辞書は頻度順に意味が示されているが、ベーシックでは各語には先ず root sense（根元的意味）があり、そこから意味がスムースに分かり易く拡大するようになっている。またいくつかの語には特別用法もある。例えば、glass は「ガラス」が root sense で意味を広げて「コップ」へ、特殊用法として複数で「眼鏡」を表す。また silver は「銀」から「銀色」に広がり、特殊用法が「銀貨」となっている。society は「社会」から広がり「社交界」へ、特殊用法は「団体」にと。もちろん dust, kiss, size など単独の意味だけの語も多い。

少数の語で何でも言えるというのは

さて本題に戻り850語などという少数の語でどうして何でも言えるのだろうか。

① より応用範囲の広い一般的な語で

ベーシックの語は働きが大きいと言ってきたが、それはつまり広い場面でまた広い構造の中で使われる。例を挙げると、*difficult*に比べ、hard は hard wood（固い）、hard work（むずかしい）、hard look（厳しい目つき）、raining hard（はげしく）など意味も広く、形容詞、副詞両方に使える。同様に *easy* に対し simple は「易しい」だけでなく「単純」、「簡素」などの意味も、*shop* に対して store は「蓄え」の意味も、また *shape* に対して form は「書式」の意味でも使われる。また範囲が広いだけでなく *queer* より strange、*transparent* より clear の方が親しみやすい。

ベーシックで名詞、形容詞はこのより広い範囲の語で表すことが多い。なぜベーシックではイスが *chair* でなくて seat かと不思議に思われるだろう。seat は *chair, bench, stool, sofa* も含むのでより一般的である。これは抽象度のレベルでより上位である。ただもっと上位の *furniture* は使用範囲が狭い。また seat は seating oneself…. Please be seated. May I take this seat? You are in a wrong seat. など、*sit* 座るという動詞はないが、それを代用するような言い方も出来る。

範囲の広い語は結果的にいくつもの特殊な同義語をカバー出来る。hole は *cavity, crater, gap, pit* など、happy は *cheerful, contended, delighted, lucky, satisfied* なども表せる。fear も *alarm, dread, fright, horror, panic, terror* など、laugh も *chuckle, giggle, grin, titter* など、また walk も *amble, ramble, stride, stroll, toddle, tramp* などを表せる。細かい様相を表す *giggle*（くすくす笑い）と言いたければ a foolish little laugh、また *stroll*（ぶらぶら歩くこと）は a short slow walk などと修飾語を付けてやさしく言い換えられる。

　ベーシックでは何といっても次にあげる分解が最大の武器である。

② 語の意味を分解して

　分解とは複雑な意味の詰まった語をくだいてやさしい語の組み合わせで言うことであり、ベーシックの代表的な言い方、これは定義でもある。私たちは気づいていないが、普段使っていることばの多くにはいろいろな要素が詰まっている[3]。自然言語はその裏に本当の意味を隠す特性があるとも言われている、*ask* の裏に put a question、*breeze* には soft wind があるように。これはチョムスキーの表層、深層の対比にも並行している。オグデンはこのように要素が詰まった語、特に一般の動詞を「速記記号」のようだと言っている。

　オグデンとリチャーズが『意味の意味』執筆中、定義論で実際にどんな語を定義しても少数の語が繰り返し出てくることに気づいたことは前にも述べた。定義とはやさしいことばで言い換えることで、それに使われる語は数少ない。例えば *LDCE* というロングマンの学習辞書は 8 万もの語や句をやさしい 2,000 語で定義している。ベーシックではむずかしい語もやさしい語の組み合わせで言い直す、つまり定義するわけである。

　この分解的言い方は次章で扱う動詞で最も顕著だが、どの品詞でも使われている。名詞では、*ewe* は female sheep、*fortnight* は

two weeks、*gale* は strong wind、*bachelor* は unmarried man、*destination* は where one is going、*orchard* は field of fruit trees、*cliff* は sharp high slope、*epilogue* など思い出せなくても end part of…で表せる。形容詞の *lukewarm* は not very warm、*reckless* は without care、*simmering*（ぐつぐつ煮る）は boiling slowly、*spontaneous*（自発的な）も長くはなるが acting without conscious thought で意味は表せる。

③　メタファー、比喩を最大限利用して。

　これは次の節で詳しく扱うが、これによって意味の幅は広がる。先に述べたように root sense から派生する意味はほぼ比喩による。root of the trouble, field of science, fruit of the work, seeds of doubt の中の root, field, fruit, seeds などいずれも具体的な身近な語だが、これはトラブルの「根元」、科学の「分野」、仕事の「成果」、疑いの「たね」などと比喩として使える。bitter pain, sweet girl なども苦い、甘いという味覚から「つらい」、［可愛らしい］などを表している。オグデンは850語を選ぶのに、出来るだけ比喩によって意味が広がるような語を考えに入れていた。

④　-ed, -ing, -er. -ly, -un など最大限に利用、また複合語も

　ベーシックでも design から designer, designing など普通の英語と同様に人を表したり動名詞として新たな名詞が出来る。ベーシックの特徴は600の名詞のうち約半分、300語に -ed, -ing など語尾を付けて用法を拡大していること。元来動詞だが、ベーシックでは名詞となっている語のうち動詞の語幹と同形の attack, burn, use, work など100語にこれら語尾がつく。これはある意味で名詞の動詞転用である。

確かに名詞にこれら語尾がつくのはおかしいと思われるだろうが、-ed は動作を受けている状態、-ing は動作をしている状態ととる。cleaned cloth, desired answer, polished wood、また burning house, working man など形容詞のように。be 動詞と一緒の She is washing the dishes. They were attacked. なども進行形、受け身ではなく、動作をしているところ、動作を受けている状態と考える。

元々が名詞の 200 語にも、balanced view, detailed plan, sloping land（傾斜してる土地）など、また物の名前でも buttered bread, bottled water, glassed top（ガラス張りの）、locked door、また -ing をつければ動詞的に、dusting the floor（ほこりをはらう）acting the play（上演する）、sugaring the tea, watering flowers など。合せて計 300 語に -ed, -ing がつくようになっている。これらは普通英語でもよく使われる用法である。どの語にこれらの語尾がつくか考えれば分かるが *The Basic Words* には印がついている。

ベーシックで動詞を排除しながら、他方このように語尾をつけて名詞を動詞的に使うことは非難されるかもしれない。ただきびしい制約の中でオグデンとしてはよく考えたと感心する。これは品詞転換、特に名詞と動詞間がかなり自由という英語本来の特質を生かしたものである。このおかげでベーシックでもずいぶん高度の文章表現が可能になったとも言える。

語表には副詞という項目は特別にはないが、Operations の中に again, enough, now, there, very, well などがある。状態を表すものは clearly, kindly, suddenly のように形容詞に -ly を付ければよい。*fast, often, perhaps* などはないが、それぞれ quickly, frequently, possibly などで、または内容をくだいて *bravely* は without fear、*carefully* は with care、*behind* は at the back of などで表せる。

　また unhappy, unnatural など反対の意味の un- も使えばかなり範囲は広まる。さらに複合語は次の例のように 850 語で自由に作れる、aftereffect（事件などの余波）、good-looking, keyhole, overwork, trade-mark, upside-down, well-balanced など。

⑤　反対語を利用して

　先に説明したように、ベーシックの語表の qualities のところに 50 opposites（対立）という欄がある。これは学習の便宜上で、語表のどこかに反意語があることを示している。awake/sleeping, feeble/strong, loose/tight, rough/smooth, special/general など。

　同意語は微妙な意味の違いが外国人にはむずかしいが、反意語は意味がはっきりしていて学習の助けになる。true と right、false と wrong の差はむずかしいが、true/false, right/wrong と対にすればはっきりする。

　オグデンはこの「対立」という考えに大変関心を持って、*Opposition : A Linguistic and Psychological Analysis*[4] という本を書いている。対立には大きく分けて right-left, open-shut のような両端を指す場合と、hard-soft や dry-wet のように段階性があってその両極を指すものがある。ベーシックでも反意語を使って *inferior* は not so good、*lazy* は not hard-working、*shallow* は not deep、*courage* は having no fear、*ugly* は far from beautiful で表せる。

2 動詞がわずか 16 語

　ベーシックの最大の特徴は動詞が極端に少ないことである。語表の右下の方に次のように記されている。"It is possible to get all these words on the back of a bit of notepaper because there are no" Verbs "in Basic English."（ベーシックには動詞がないからすべての語を一枚の紙に収めることが可能だ）と。「動詞のない英語」なんてありえない、ただオグデンは Operations の中の 16 の動詞を除く一般動詞をすべて排除した。

　動詞の学習はむずかしい、不規則動詞の変化形をおぼえること自体大変だ。それ以上に動詞は文構成の要なので、先ずどの動詞を選ぶかが問題になる。それぞれの動詞が文の中で必要とする要素、目的語や補語、また前置詞句など必要性や、またそれらをどこに置くかなど覚えなければならない。初期の段階で動詞を少数に限っておけば、どの動詞を選ぶかもらくになり学習の負担はかなり減る。また動詞が少なければ繰り返し使うことになって徹底してそれら動詞を使った構文が習得できる。

2 種類の動詞

　前にも述べたように、一般の動詞は一語の中に基本的な動作の他に、方向や位置、様態、動作の対象などの要素が詰め込まれている。*ascend* は go up、*decimate* などは 10 人に 1 人殺すという意味で、put to death one person out of every ten などという複雑な要素がつまっている。ベンサムは「動詞はまるでウナギのようにぬるぬるしていてつかみにくい」と表現している。動詞 1 語がいくつかの要素に分解できるということは、論理的にも逆にいえば、一般

の動詞を 16 語の基本的な動詞とその他の語との組み合わせて言い直すことが可能となる。

　ベーシックで最も代表的な文は人の根源的動作、操作を表す基本的動詞 16 語と方向や位置を表す副詞や前置詞と組み合わせたものである。go を例に見てみよう。go と after で *chase* や *follow* に、against で *oppose, resist* に、down で *descend, fall* に、from で *leave, depart* に、in で *enter, invade* に、on で *continue, progress* に、through で *pierce, finish* に、up で *rise, ascend* に、with で *accompany, agree* の意味が表せる。他の動詞も同じことが言える。

　普通一般には動詞はすべて一まとめに動詞として扱われ、その中に特殊な役割を持つ少数の一群があるということは余り気付かれていない。それら特殊な動詞は人間の最も基本的概念に限定され、私たちの身体感覚、身体的経験に根ざした日常的によく使われる基本的動詞である。オグデングは英語の動詞の中にこれらの具体的意味は非常に軽く、文の中で他の語同士の関係を表す連結詞のような働きをする特殊な一群の動詞があることに気づいた。

　それらを operators 操作詞と名付け、他の速記的ないろいろな要素が詰まった一般動詞と区別した。オグデンは動詞の核ともいえる 16 語が大きな働きをすること、他の語と結びついて多くの一般動詞の意味を表せることを見出した。彼は英語自体がもともと比較的少ない限られた動詞を繰り返し用いる傾向が強く、それらが他の要素と結合して広く使われ、多くの動詞の代用をすることに気づいたのだ。

ベーシックの 16 動詞

　ベーシックの 16 の動詞は be, do, have, come-go, get-give, make,

put-take, keep-let, seem, say, see, send である。ハイフンで結んだのは意味が対になるもの。最後の3語は例えば、say は put into words、send は make go とくだいても言えるのでなくてもよいが、表現をよりスムースにするために入れたとオグデンは言っている。助動詞としては may と will が入っている。be, have は人や事物の存在（have は所有域における存在）を、do はすべての動作、come, go は人や事物の移動、give, get は所有領域における移動を、put, take は事物に対しての基本的操作、make, keep, let は事物の変化または運動を生じさせることを表している。

　助動詞としても使える be, do, have と seem の4語を除く12語は key act と言って主に日常の人の体の基本的、単純な人の身体動作、及び手指での操作を表す基礎動作語とも言える。これが root sense で、これから比喩的に広がって複雑な概念も表せる。これらの動詞はいずれもその中に様態や方向などは含まれていない。つまり具体的意味はごく軽く、他の語を操作して文を作り上げる。先にのべたように、普通はほとんど気づかれていないが、英語にはごく一握りのこれら一群の基本的動詞が驚くほど大きな働きをしている。単独でも日常に不可欠な動詞で重要だが、他の語との結びつきで非常に大きな働きをする。

16 動詞と他の語の結びつき

　他の語との結びつきを見てみよう、16 の動詞を Vb と表す。

a) Vb＋前置詞、副詞（方位詞）

　　　　　　　　　　　　動詞は主に come, get, go, keep, put, take
　先に例を出した go の他に、come back (*return*)、get off (*alight*) the train（降りる）、get over (*surmount*) a hill（乗り越える）、

keep on (*continue*) walking、put in (*insert*)（差し込む）、put out (*publish*) a book（出版する）、put out (*extinguish*) the fire、take out (*extract*) the roots（引っこ抜く）など。

　この基本動詞＋方位詞の組み合わせはすでに15世紀頃から始まっている。英語は本来 non-path language で動詞はほとんど方向を含まない[5]。これらの結びつきは日本でも句動詞として知られ、特にアメリカ英語では口語体でよく使われている。一語ではその意味を知らなければどうしようもないが、分かり切った語の組み合わせならある程度推察はつく。ただ日本人にとって1語動詞より難しいとも言われている、ただこれらの語の root sense をはっきりつかんでおけばそこから推察できるし、いろいろな組み合わせで多くのことが表現できる。

b)「Vb＋名詞」[6] 動詞は give, have, make, take　名詞は主に動詞派生の語

give　内から何か発する　身体、口頭動作　give a cry/a laugh/a smile/a jump

　　　他者への身体接触　give him a blow/give her a kiss/give him a quick look（さっと見る）/give the ball a kick / give the door a push

　　　他者へ感情、情報、意思など伝える　give them a pleasure/a shock/a trouble/a talk/an answer/approval（認める、賛成する）

have　自分の身体動作　have a drink/a fall/a laugh/a sleep/a swim
　　　ことばによる相互活動、知的状態、感情など
　　　have a discussion/belief/doubt/a fear (of) /respect (for)

make　知的活動、伝達行為　make a discovery (of) /an error/a

　　　　protest（抗議する）/a statement（述べる）/a sign（合図する）

　　　自分の意思行為や関係表示　make a decision/a division/an offer/payment

 take　身体動作　take a bath/a bite/a breath/a walk

c)「Vb ＋形容詞」　動詞は主に come, get, go, make, put

ascertain は make certain（確かめる）、*materialize* は come true（実現する）、*prepare* は get ready、*fail* は go wrong、*clarify* は make clear、*fill* は make full、*correct* は put right で。

d)「Vb＋前置詞句」　動詞は主に come, give, get, go, put

decide は come to a decision、*appear* は come into view、*crumble* は go to bits（砕ける）、*endure* は put up with、*forget* は put out of mind、*hinder* は get in the way of、*kill* は put to death で。

16 動詞の文型

　これらの結びつきに用いられる 16 の基本的動詞はベーシックの単純、明快、規則的な文体を、そして一つの透明な文型を作り上げる。透明とは透けて見える、つまり分かりやすいというベーシックの主要な概念である。語にしても *puppy* より young dog の方が意味は透けて見える。I will give a book to him. という文で考えてみよう。まず動作主、動作（時間を示す助動詞）、動きを受けるもの、方向、動作を受ける人または物、（動きの様子）の順である、カッコ内は任意。一般に文型といえば、5 文型が代表的だが、ベーシックでは動詞がごく少数なのでこの文型にまとめられている。

	1	2	3	4
	動作主	動作	動作の対象	方向位置など
(A)	We	will give	simple rules	to you (now)
	We	put	a glass	on the able
	He	is taking	the picture	off the wall
	We	keep	milk	in the ice box.
	I	got	flowers	from him
		Don't let	the cat	in the house
(B)	I	have	a bird	(in my hand)
	She	made	this cake	(for her)
(C)	He	made	her	happy.
	I	keep	the room	clean.
(D)	It	is getting		cold.
	We	kept		silent
(E)	He	came.		
	I	will go		

　文中の語の順序、文型は実際の動作、意識の順である。動作、思考のプロセスが文型の中に透けて見える、これは特に初期の学習にとても便利である。4では副詞句、補語と語の働きは異なるが、形の上から見ればベーシックの文はすべてこの型に収まる。(A)はベーシックに特有な代表的文型で、これをしっかり身に付けておけば、後は3または4が欠けたものととればよい。give は頻度からいえば「give OO」型の方が多いが、初期の学習では「give O to O」の型が使われるのは他の動詞とそろえた方が学習には有効であるから。

4章　ベーシック・イングリッシュの魅力　143

simple, clear な英語

　ベーシックは確かに天才オグデンだからこそ作れたよくできた制限語彙の組織と納得されたと思う。国際補助語としても、英語学習の第一歩にしても精巧な大げさな語、big words は必要ない。ベーシックは具体的に物事を指し、はっきりした事実や考えを伝えることを主としている。ベーシックは simple, clear と言われるが、それについて考えてみよう。simple というのは単語が少なく、文のなり立ちも単純だから簡単でやさしい。一番むずかしい動詞を徹底的に減らしたことが大きい。get, make, put, take などごくなじみのある基本的な動詞が文の要となって、しかも in, on, off などの分かりやすい方位詞と組み合わさってひんぱんに使われている。これらはまさに英語の核とも言える。

　語数が少ないことは結果的に基本的な重要なことば、単語だけでなく、文にも繰り返し接することになり徹底してその用法が身につく。さらにベーシックでは分解した言い方が多いので、それらの重要な動詞も他の語と結びついていろいろな用法で広く使われるため、よけい見たり聞いたりすることが多くなって、なじみやすくなる。ただ単純な英語と言っても、必ずしも学ぶのが容易とは言えない。要素的な語ほど意味は多いが、ベーシックでは意味も限定して決まっている。またその根源の意味をはっきりつかんでおけば、そこから拡大した意味や結びつきへとスムースに進めるようになっている。そのためには組織だった順序での学習が必要である。

　さらに文の中核となる動詞と方位詞はその root sense が視覚化できる。語の意味も文構造も先にあげたように透明である。動詞や方位詞が自分の体で動作をすることで、また目の前の空間での位置や移動の方向として示され、また絵でも表されるというのは非常にわ

かりやすい。「動詞や前置詞が目に見える」とは普通は考えられないだろう。オグデンは初めから学習に具体的、視覚的要素という根本原理を考えていた。「体を動かして、目で見て考える」ことの可能性にオグデンが気づいたことはベーシック誕生の大きな要素の一つだった。

　ベーシックの分かりやすさ、またはっきりしている要因は分解して表すことにもある。複雑な内容をくだいて単純な要素的な語で表すということは語数を減らすために考えられたことだが、結果的にわかりやすい英語となった。これは辞書の定義、わかりやすく説明することと同じだから。これは前に述べたように英語の発展途上本来的に備わった可能性だった。

　私事で申し訳ないが、今述べた simple, clear なベーシック的英文を認められたことを伝えたい。何十年も前に英語教員の研修でイギリスの大学で学んでいた時のことである。writing のクラスがあって、研修の最後に専門の先生から言われたのは、「あなたの英語は little words を使って simple だけどとても clear に書けている。日本人の教師はどうしても big words を使いたがる。でも big words には微妙なニュアンスもあり、その含みがはっきりしないとうまく使いこなせない」と。書いた英文は完全なベーシックではなかったが、ベーシック的な英文、near Basic だった。simple and clear というベーシックの特質を writing 専門の先生に認められたのは嬉しいことだった。

ベーシックの弱点

　しかしベーシックにはやはり弱点、欠点もある。極度の語彙制限のため、どうしても文は長く回りくどく、ぎこちなくなる。少数の

やさしい語を使いこなすこと自体それほどやさしいことではない。いくつか非難されている原因を見てみよう。

　先ず、850語と言っても、これは「一般的なことは言える」というので、専門分野については、科学一般に100語、科学の4つの各分野50語ずつ、ビジネス、経済学に各50語、韻文用に100語、聖書に50語が選ばれている。また国際語として広く使われる語も100語ほど選定されている。これらも合計すればかなりの語数になる。さらに慣用句も用意されている。実際は850語ではないのではないかという非難もある。これは事実である。

　また -ed, -ing の語尾を名詞に付けること自体おかしいとの声もある。それによって 'No verbs' と言いながら名詞を動詞に転用するのは、矛盾していると。ただこれはベーシックの動詞削除を補うためにオグデンが考え抜いた方法でもある。またこれらの動詞的な名詞になじんでおけば、後に普通英語に移行してから動詞として使う時の役に立つことも確かである。

　入門期の英語教育用にはこのままでよいと思うが、実用として使うには、時代に即した語も必要であろう。それらを入れてもう少し広げてもよいと思う。リチャーズは前にも述べたがベーシックを広げた。strict Basic に対して flexible Basic という考えである。筆者は以前ベーシックでブログを書いていた時、どうしても必要な non-Basic words が出てくると星印を付けて最後にベーシックで説明をした。そのような方法もあるが、必要な語を入れてもよいと思う。動詞16語はそのまま、名詞として internet, nuclear など時代に必要なことばや、日常よく使う (good) evening, always, just, next, often, thank (you), home, child, church, evening, husband, life, people, piece, thanks, world などを入れるという考えもある。

850の語表に加えるのでなく、国際語として使ってもよいのではないか。「はじめに」で言及した net 上のベーシック組織もかなりゆるやかに特別用語リスト、21世紀技術用語、国際インターネット用語などの追加リストを試案としてあげている。

3 メタファーの宝庫

ことばは本来現実社会の具体的なものを指すものというのがオグデンの考えである。ところが実際には belief, pleasure, trouble など私たちの使っていることばのかなりのものは現実には存在しないフィクションである。比喩、メタファーもフィクションだが、field of science「科学の分野」の field の源には「野原」があるように、その源になっている具体物があるのでこれは分かりやすい。

メタファーとは伝統的には文学作品などで修辞学的なことばの飾り物ととらえられてきた。ところが一般にはほとんど気づかれていないが、日常のことばにもメタファーはいくらでも使われている。そのことに気づき、メタファーを人間の概念化の基礎として認知言語学で取り上げられたのは 1970 年代も終わり頃のことである。オグデンがベーシックでメタファーを意識して活用したのはその半世紀近くも前のことで、彼の先見の明に感心する。

リチャーズも *The Philosophy of Rhetoric*（1936）の中で語そのものには本来の意味はないこと、語の意味は固定したものでなく、文脈に依存し、移り変わりの中にあると主張した。その上でメタファーについて次のような構想をあげた 1）ことばは本質的にメタファー的なもので、それは日常のことばのあらゆる働きの中にある。2）メタファーは単にことばの差し替えではなく、思考そのものの

相互作用、脈略間の取引である。3) メタファーは1語の中に違った文脈に属する2つの考えをもつこと。key to the secret で錠を開ける金具から「手がかり」へ、この両者の相互関係がメタファーとなると。

　限られた語数で最大の働きをするためにオグデンは比喩によって意味が自然に広がるような語を選んだと言っている。わずかな語で広い働きが出来るのもメタファーによる意味の拡大を利用したからである。彼はメタファーについて徹底的な目録を作り、分析して、不適切なものは除いて、語の意味を最も分かりやすい透明な順序で記した。先ず root sense が決められている。それは出来るだけわかりやすい具体的意味で、そこから抽象的な意味、メタファーがスムースに派生するようになっている。つかみにくい抽象的な意味も大元の具体的な意味とのつながりから分かりやすい。無数の現象をわずか 850 という有限のしかもごくわずかな語で表すベーシックはまさに「メタファーの宝庫」である。

ベーシックでのメタファーの例

　メタファーは2つの物の間の関係に、類似や差異を見抜くという人の力により、意味が広がる。典型的なものは具体的なものから抽象的なものへと類似による広がりである。一般に比喩というと名詞が思い浮かぶだろうが、動詞や前置詞・副詞などでも広く用いられる。

名詞　a)　具体物から　a leaf of paper（一枚）、teeth of a comb（櫛の歯）、foot of the mountain（すその）、root of the trouble（源）、head of the school（校長）

　　　　b)　抽象的な語でも物理的動きから抽象的動きや状態に

have a good grip（つかむことから理解）、a fall of the Empire（滅亡）、give a blow（ショック）、a slip of the tongue（滑ることから言い間違い）
　　c）抽象的な語でもより身近な把握しやすいものへ　the birth of the idea, heat of the discussion（熱気）、from this angle（観点）

方位詞　空間内の位置、方向から抽象領域へ。代表的な at, in, on で意味の広がりを見てみよう。それぞれ広がりのない一点、2次元の広がり、3次元の広がりを指す。

at　at the corner/the top から　at peace/play/rest/war/work at 6'clock/at tea time
　　at は広がりのない一地点で、単なる地点からそこでの活動、状態へ焦点が移る。
　　また空間から時間という広がりの中の一地点へ。

in　in the room から in comfort/danger/doubt/fear/love/pain/trouble　in the morning/April/spring/2020
　　in ははっきりした境界線で囲まれたスペースを指す。場所から状態へ、ある状態の中にいると状態を容器ととってのメタファーである。時間も at より広い広がり内を指している。

on　on the table から My name is on the list/based on the fact（基づいて）/go on working（続ける）、on fire（炎上中）、on business/journey　on Sunday/the 1st of April
　　on は接触することから支えられてとか継続などの意味を表す。
　　その他　against the rule（反して）、keep back violent words（激しいことばを抑える）、looking down on（けいべつする）、

off balance（平静さを失って）、out of danger 危険を脱して）、The war is over.（終わる）、all the year round（一年中）、see through a trick（トリックを見抜く）、under his control（彼の支配下に）など。

動詞 動詞は単語としてだけでなく、構文そのものが具体から抽象世界への比喩として使われる、特に上にあげた方位詞と共に。ここでは come, go, put を例にあげる。

come、go 動作主が空間内を移動することから抽象領域での動き、つまり状態の変化や開始など、主語も無生物が多い。

The war came to a stop. We came to an agreement. Mt. Fuji came into view./went out of view.（見えた／見えなくなった）All the money has gone. Pain has gone.（治まる）、We will go into details.（詳しく述べよう）、The price goes up. They have gone out of my mind.（心から消えた、忘れた）

put ある場所に自分の領域から何か移動して位置させることから比喩的に。

Put a stamp on the card. から　Put a tax on goods.（品物に税金をかける）

Put the key in the pocket. から　Put the machine in motion.（機械を動かす）

Put it out of the room. から　Put him out of my mind.（彼のことは忘れる）

Put a match to the cigarette. から　Put a stop to smoking（タバコを止める）

Put the papers together. から　Put the thoughts together（考えをまとめる）

なお先にあげた「基本動詞＋名詞」の動詞は例えば、give him a kick, have a sleep, take a breath なども対象が具体物から動作、状態などへ比喩的に広がったものと考えられる。

4 英語教育への理想的な教材

　ベーシックが初めて日本に到来した1930年はじめ日本の英語教育の効率は悪かった。そこでベーシックに新しい期待がかけられて、岡倉吉三郎をはじめ熱心にベーシックの普及活動をした人々がいた（5章6参考）。しかし実際にはその後もベーシックが広く英語教育に使われることはなかった。

　それから一世紀近く経ち、その間言語学、英語学、英語教育は目覚ましい発展を遂げ、さまざまな教育機器も開発されて使われている。何より世界情勢から、当時に比べ旅行でも、仕事でも、また日本にいても直接英語に接する機会は格段とふえた。それでも現在英語力が格別に伸びたと言えるだろうか。特に受信だけでなく「使える英語」、発信用の英語が求められている現在、ベーシックは何らかの形で利用できるのではないか。

　オグデンは "Basic English and Grammatical Reform"（1936）で暗記をさせる従来の文法を批判した。ことばは思考の道具であり、語学教育は道具であることばの構造に基づくという考えの上に立って、学習者がこの道具の仕組みに自覚的になれば、言語能力が高まるだけでなく暗記も不要となると。文法はそれを助けことばのいろいろな使い方が比べられるようにすべきと主張している。

ベーシックが英語教育に有利なのは

リチャーズは英語教育の面から見たベーシックの特質をはっきりと述べている[7]。「ベーシックは実用的原理として、『習慣』を『洞察』に変えようとする試みだ。暗記しなくてはならない材料の量を最小にして、理解力を出来るだけ働かせるような言語組織が出来ればよいというのがベーシックの発明を促した」。ベーシックは深い洞察力、理解力を意識的に使うことが出来るだろうとオグデンは考えた。

確かにベーシックは覚える材料を出来るだけ減らして、暗記による習慣形成より理解力を出来るだけ働かせるような言語組織である。不規則な語形変化などは暗記が必要だが、規則的、分析的な英語をさらにおし進めたベーシックでは理解することが学習の効果的原理となっている。

ベーシックの教育構想には simple, clear, economical, repetition, grading, visual などがあげられる。単純で分かりやすく、はっきりと、重要な語が少ないので経済的、そして語数が少ないのでくり返しの学習に、何の前に何が来るか学習順位が定まって、視覚的支えがあるなどのかなり理想的な教育材料である。

次にもう少し詳しく見ていこう。先ず語彙の選び方は、繰り返しになるが、人間の最も普遍的な経験や、考え、感情などを表す
1) **英語のなかの中核的な語**である。他の語を説明、定義する力があり、それによって多くの他の語を代用できる働きの大きな語である。これらは後でもっと語をふえてきてもその基礎として働く力を持っている。あまり出番のない語、なくても済むような語をたくさん覚えてももったいない。またベーシックは普通英語の一部なのだから unlearn（学び直し）する必要はない。

ベーシックの 2）**分解的表現**、むずかしい語もやさしいことばでくだいて表すという操作は、日本語からそれに相当する英語をと 1 対 1 で使いがちな日本人学習者には特に有利だ。動詞でも日本語 1 語の動詞に対しては英語も 1 語動詞の方を使いたがる、take away より *remove* の方が、put out より *extinguish* の方が覚えやすいと思うようだ。*remove* や *extinguish* はその意味で使ったらそれだけでおしまいだけど、take, away, put, out などの語はその他の言い方にもよく使われるからしっかり身に付けておけば有効である。3）**最重要な語がごくわずかであることは入門期にあっては重要である**。特にベーシックでのごくわずかな基本的動詞の使い方をしっかり身に付けておけば英語の文形成に大きく役立つ。この最重要な語が少ないことから結果的にそれらを 4）**繰り返し重点的に**学習し、自分の物にすることが出来る。

　また語の数が少なく、意味範囲もはっきりしていることから、何の前に何を教えるかという 5）**最適な学習順位**が決められる。一般の教科書のように語数も多く、意味範囲も決まっていないと学習の順序付けはむずかしい。前に習ったことが最大限生かされるような有機的な順位である。もっとも単純、具体的な分かり易い要素が習得され、それらがもっとむずかしい語や文構成の基礎となるようにと。ベーシックはその成立の過程で英語の構文、語の意味の移り変わりを分析して、そこから語と構文の学習順位を科学的に設定している。

　さらにベーシックは 6）**視覚的、具体的要素**を重視している。名詞が主体であり、文の要となる動詞も私たちの身体動作、手を使った動作が基本であり、前置詞なども方位詞として空間内の位置、方向という私たちに見える形になっている。意味をとらえにくい動詞

4 章　ベーシック・イングリッシュの魅力　　153

や、前置詞がイメージとしてとらえやすいのは非常に効果的である。また7)**比喩、メタファー**を最大限利用して、少ない語の意味を広げている。しかも root sense から分かり易く派生しているので学習には便利である。

1対1の対応では単語から単語になるが、分解すればいくつかの単語の組み合わせになる。内容を考えて異なったレベルの置き換えが自由にできるように慣れておくことは重要である。このような分解的な構造のためにもベーシックでは理解し、考えることが重要となる。そのためにもことばが使われている状況、つまり8)**文脈**を考えることが必須である。

オグデンはベーシックを独学でも学べるように *ABC of Basic English*（1932）、*Basic Step by Step*（1935）などの学習書も書いたが、実際に教職についたこともない。公表後はもっぱらベーシックの普及に努めた。他方リチャーズはベーシックを速やかに習得し、関係の本なども著して、彼なりにベーシック普及に尽くした。彼はベーシックの最もよい理解者だったが、それを具体的にどのように教育面に生かせるか真剣に考えた。最初ベーシックを英文読解力の向上に、次いで入門期の英語教育へと活用した。中国でベーシックを教えた経験などから試行錯誤して最終的にハーバード大学で開発したのがベーシックを言語材料とした GDM である。

GDM（Graded Direct Method）

GDM（段階的直接教授法）はベーシックを言語材料に、その特徴をさらに徹底して語学学習に生かした教え方である。名称の Graded は最適な学習順位、Direct は母語を使わない直接法を指す。

Grading（serial ordering 連続した順序）

　基本的、単純のものから複雑なものへ、と大まかなことから細かいことへと、順序だった教え方というベーシックの原理そのものがこの教授法では決め細かく配慮されて生かされている。種から芽が出て茎や葉が延び花咲くように有機的なつながりであり、すでに習得したことを通して学んでいく。ことばの習得は単語でも文でもバラバラな積み重ねでは効果ない。What should come before what（何の前に何がくるべきか）が問題となる。基礎的なことがはっきり定着するまでそれらが混乱しないように難しいことは先延ばしにしておく。

　ＧＤＭのテキスト *English through Pictures* で（以後 *EP* と略）は最初に指さしではっきりする It is here. It is there. が出てくる。それらは4、5頁先の This is a man. That is a woman. の this, that の feedforward 準備になっている。また this, that を学ぶ時、それは前に学んだ here, there の feedback 復習、強化となっている。ベーシックでは語数が少なく、意味範囲も決まっているのではっきり順序だてが出来るようになっている。

　物の名前も table, hat, head, hand など身近にあって指し示せるような物から始まる。抽象的な名前も pull, push など動作で示せる分かり易いものから。形容詞も open-shut, right-left など対になってはっきりして、しかも身近な本、ドア、手などで示せるものが最初に来ている。good-bad, happy など評価や感情を表す語が出てくるのはかなり後になってからである。動詞も存在の be の後に take, put, give, go など単純な動作ではっきり示せるようなことから始まり、次に have, see, say そして come, get から make, keep となっている。

Sen-Sit（sentences in situations　文と場面）

　文とそれが使われる場面（実際でも絵でも）の組み合わせを一緒に提示するようになっている。*EP*では1頁を4等分して絵と英文を比べて意味を理解するようになっている。場面と密着した英語はことばによる説明ではなく、感覚的に理解できるようになっている。学習者は母語を通してではなく、場面をイメージとして英語を理解する。教師は場面を示して、動作をしながら英語で言えば、日本語に訳さないでも理解できる。また教師の動作、操作を見て学習者は英語で発話するようになる。

　動詞の時制についてもGDMの教え方は画期的だ。be以外の動詞で最初に出てくるのがtakeで、次のように未来、現在進行形、過去と一緒に出てくる。

　　　　　He will take his hat off the table.
　　　　　He is taking his hat off the table.
　　　　　He took his hat off the table.

　3つの時制を一緒に出すのはずいぶん乱暴なやり方と思われるだろうが、場面に密着して動作で意味がはっきり示されるので、ほとんど混乱は起きない。教師が英語を言いながら動作をし、生徒も自分で動作をしながら発話する。上の文をことばだけで説明するのはかなり面倒だろうが、実際に目の前での動作と発話に何度も接すれば文と状況が結びつくようになる。つまり説明を聞かなくても自分でルールをみつけ、自然に分かるようになる。これは「発見学習」である。次頁にテキストのその部分を示す。

　リチャーズは自分たちの目指している教え方を 'a planned serial ordering of opposition in sentences and situations'[8]（状況と文の結びつきの中で対立のきちんともくろまれた一続きの教え方）とまと

4章　ベーシック・イングリッシュの魅力　157

めている。この中に「順序付け」、「文と場面の結びつき」、「対立」という大切な考えがすべて含まれている。結果的に母語は不要で、Direct直接法という名称の通り英語だけで学習は進む。これも具体性の強いベーシックだからこそ可能なのだ。

　日本でもＧＤＭは吉沢美穂により導入され、片桐ユズルなどの活動で広がり、研究会、講習会など活発に行われている。ＧＤＭのホームページは http://www.gdm-japan.net でここからいろいろな情報が得られる。入門期に最適な教え方ではあるが、英語の学び直しとしても有効である。成人用、中高年向けなどのクラスも現在いくつもある。筆者自身大学の英語基礎クラスで10年以上この方法で教えてきて、その効果を実感してきた。他の教え方のクラスに比べ、ＧＤＭでのクラスは何より学生の学習意欲が比べようのないほど大きかった。それは学生が暗記ではなく、自然に発言したくなるような状況に接して、それに応じて自分で考えて英語で言うので達成感を味わい、英語に対して自信を持つようになるからだろう。

終戦直後の英語教育方針とベーシック

　話は全くそれるが、ベーシックと日本の英語教育について広川氏の調査[9]による興味深い事実がある。第二次大戦直後、教育制度も変わり義務教育で全員が英語を学ぶことになった。文部省編纂の *Let's Learn English* 執筆者とアメリカGHQの情報局CI&Eの会議禄が残っている。何回目かの会議で教科書をベーシックの観点から執筆、修正するようにとGHQ側から指示が出た。極東でのベーシック運動に資金援助をしていたロックフェラー財団の関係の人がCI&Eにいたかららしい。この話し合いの会議禄が残されている。ただし日本の文部省側はベーシック導入には消極的だった。

一週間後次の会議禄には一年用の教科書について「この草稿の語彙は、ベーシックの観点から分析がなされている」と記されている。しかしそう簡単にベーシックの観点から語彙を選んでテキストを書き直すことはできるだろうか。2、3名人の執筆者の中にはベーシック関係の人の名前は見当たらない。筆者もその教科書の復刻版を入手して詳しく調べてみたが、ベーシック的観点は見られなかった。結果的にこれは不採択だったとみるより仕方がない。ただベーシックが戦後日本の英語教育にかかわったという事実は興味深い。

5 思考の明晰化

　ベーシックの3番目の目的としてオグデンは英語を母語とする人にはベーシックを使うことで思考の明晰化が図れるとした。これは私たち非母語話者にとっても同じことが言える。ベーシックの特性は分析の道具として、文脈や、他の語との結びつきを入念に考えて、言いたいことをやさしくくだいてはっきりと表すから。その過程でどうしても考えをはっきりとさせておかなくてはならない。またベーシックを通してことばと物、思考と感情の関係の正しい見方が得られるので、ことば全体に対してもはっきりした意識が持てるようになる。

　ことばは道具だが、日々使い慣れてしまいもっとよく働くように意識的に改良しようとは思わない。ことばにはどうしてもあいまいさがありそこから誤解も生じる、「ことばの魔術」の解毒剤として考えられたのがベーシックだった。つまりベーシックはことばが昔から人々に及ぼしていた奇妙な力から自由になり、人々の思考の助

けになる機会を与えてくれる。リチャーズもベーシックは単なる語表、国際的媒介の手段以上のもの、人類のあらゆる文化、伝統を最もよく伝える言語への導入であり、また心の健全なことばの訓練法を提供してくれると言っている[10]。

「はじめに」でも述べたように、ことばについてのいろいろな不便や混乱、ことばの魔術は21世紀の現在でも変わらない。人のいうことをはっきり分からないまま無批判に受け入れたり、自分もはっきりしないまましゃべったりしている。政治家や評論家などの隠されている意図に気づかないで、雄弁に語られることばに感動する。どれが本当の意味で、感情的でないか、特に何か引き起こそうとする意図があるかを見極めなくてはならない。専門用語は分からないことも多い。情報過多の現在、特にインターネット普及と共に問題は多い。

ベーシックと思考明快化の働き

ではベーシックはどうして私たちの思考を明確にできるのだろうか。意味を分析してはっきりさせなくてはベーシックにならないので、いやでもいい加減な言い方はできない。ベーシックの850語はあらゆる語の代表なので、一般英語のふるまいについても詳しい知識を教えてくれる。そこからベーシックは普通英語で書かれたものをテストする一種の道具にもなる。このようなベーシックの役割をリチャーズは 'fender'（車の泥除け）、エンプソンは 'sieve'（ふるい）、ウォルポールは 'sense detector'（意味を見破る道具）、オーウエルは 'corrective'（矯正するもの）と称している。ハクスリーも「はっきりしない文をはっきりさせる訓練」としてベーシックを評価している。ベーシックはことばのあいまいさや誤解について真

剣に考えたことから始まったのだからこれは当然である。

　普通英語をベーシックに訳すことは vertical translation（垂直訳）と言われている。単に語を1対1で同議語におきかえる水平訳ではない。語数が限られているので大ざっぱな類義語で安易な横滑りはできない。また横滑りではあいまいな意味もそのまま見過ごされてしまう。語はそれぞれの文脈で何を言いたいか内容を掘り下げてよく考え、抽象度のレベルを下げてより事実に近い要素的な語で記述的に表すことになる。このよく考えるというのは一見面倒ではあるが、これを通して理解力が高まり、結果としてベーシックは意味がはっきりわかりやすくなる。

　アメリカでは1930年代東部の都市で移民たちにベーシックを教えていた。それだけでなくことばの正しい使い方などこの面での応用も試みていた。幼稚園レベルでも意味論を応用してことばの訓練をするとか、また大学ではことばがどう働くかベーシックを使い、この知識で文学の鑑賞力を高めた。さらに英語と社会科学をことばの正しい使い方を通して結びつける方法を編み出して、ベーシックを分類や抽象の問題への導入に使った。

日本人にとっては

　日本人学習者にとってもベーシックの言い方には大きな利点がある。語彙に制約がなければ、つい日本語に対応するお決まりの英単語を求めてそのまま機械的に使いがちだ。英語と日本語を単語レベルで結びつけてしまう。on はいつも「上」、「いつも」はいつも *always* と。The picture is on the wall. A fly is on the ceiling. など接する面は上だけでなく垂直でも下向きでもかまわない、離れている意味の off の反意語だから。また逆に日本語の「上」は接触して

いなくても真上、または覆いかぶさる場合もある。A clock is over the table. An airplane is above the clouds. などでは on は使えない。

また *always* はベーシックにはないので文脈によって言い方も異なる。

<table>
<tr><td>いつも疲れている</td><td>He is tired <u>all the time</u>.</td></tr>
<tr><td>いつも早く寝る</td><td>He <u>generally</u> goes to bed early.</td></tr>
<tr><td>いつも東から昇る</td><td>The sun come up in the east <u>every</u> morning.</td></tr>
<tr><td>いつも元気とはいかない</td><td>We are not <u>as</u> healthy <u>as ever</u>.</td></tr>
<tr><td>そこに行くといつも彼女に会う</td><td><u>Every time</u> I go there, I see her.</td></tr>
</table>

ベーシックでは語数が少ないので、上例で示したように文脈から意味をはっきりさせないと表現できない。少数の基本的な語を使うベーシックでは原文の意味の可能性を文脈から掘り下げて考えなくてはならない。ベーシックに直すのにむずかしいのは、どういう言い方をするかより、原文が何を言っているか正しく解釈することだと言われている。これは思考の明晰化につながる。

ベーシックでは意味を分解して言うのであいまいな表現ができない。例えば John *hit* the man with a stick をベーシックにすれば hit という動詞は使えないので次のどちらかになる。

 a) John gave the man a blow with a stick.
 b) John gave the man with a stick a blow。

その男を棒でなぐるなら a) を、棒を持った男をなぐるなら b) を、つまり with a stick が動詞にかかるか、the man にかかるかを選ばなくてはならない。

リチャーズはベーシックを学ぶことは次のような訓練になると言

っている "a training of detecting implicit ambiguities and making them into explicit distinction"[11]（はっきりしないあいまいさを見つけてそれをはっきり区別すること）。ベーシックは私たちに英語学習の基盤としてだけでなく、思考の明晰化のための道具としての役目も果たしくれる。

5章 オグデン Archives（資料館）訪問記

　オグデンは今まで見てきたように本や翻訳、小論、評論、メモなどおびただしい数の著作を残し、信じられないほど広い範囲で偉大な業績を残してきた。また彼の集めた蔵書も何万冊と言われるほど多量でしかも貴重なものである。そのためオグデン Archives（文書館、資料館）という彼自身およびベーシックに関する資料及び彼の蔵書などの文書が大切に保管されている場所が何ヶ所もある、イギリスに数か所、アメリカ、カナダに一ヶ所ずつ。すばらしい業績をあげながら、一般にはあまり知られていないオグデンだが、この事実そのものこそ彼がいかに大きな仕事を成しとげたかを物語っているのではないか。

　筆者はベーシックやオグデンの研究のために、それらほとんどの Archives を訪れて資料を参考にさせてもらった。主に 1990 年代であるが、同じ所に何回か行ったこともある。それらの資料館はそれぞれに特徴もあり、興味深いこともあった。この章では個人的な訪問記という形で思い出なども含めて一人称で語り、各館内の資料について記す[1]。ここでの資料には今までに記したことと重複する部分もあることをご了承願いたい。なお他にも Warwick 大学など訪れていないオグデン archives もある。

1 ユニバーシティ・カレッジ・ロンドン University College of London（Ogden Library, Manuscript Room）

　実はここは私が訪れた何か所かのオグデン資料館のうち初めての場所なので特別に思い出に残っている。通称 UCL と言われているこの大学はオグデン関係の資料や彼の蔵書 3,500 冊ほどを 1953 年、彼の生存中に 5 万ポンドという大金で買い取っている。実はこの 1953 年という時期はベーシック財団への政府からの助成金が打ち切られた年で、オグデンたちの財政難とも関係していたと思われる。ほんの一部と言われているが、ここの貴重書図書室にある蔵書目録をさっと見ただけでも、いかにオグデンの蔵書が幅広いかに驚かされた。

オグデンの蔵書

　ベーコンから始まってコメニウス（教育思想家）、ウイルキンズなどことばの改良を求める伝統の系譜上の著者からコレッジ、ミルトン、シェリーなど文学、哲学、心理学などさまざまな分野にわたっている。ガリバー旅行記を書いたスウィフトの「英語改良についての提案書」（1791）とか、貧しい人々のために易しい英語で書かれた『Free Thinking の話』（1713）など珍しいものもある。いかにオグデンが何にでも興味、関心を持って調べていたか、またベーシックが単なることばのやりくりだけでなく、まさにオグデンが創設した science of orthology（ことばの正しい使い方、心理学、哲学などの学問）に深く根差していたか改めて思い知らされた。

　オグデンはまた速記、暗号などにも大変関心を持っていたので、その関係の貴重資料もかなり集められていた。私自身その中に出て

きた cryptography（暗号解読法）などという用語はそれまで知らなかった。これら初期の速記、暗号などはよく工夫されていて、その資料をさっと見ているうちに面白く、ついつり込まれて読んでしまった。これらは両方とも普遍的なコミュニケーション組織とも言えるし、その発展上一般的なシンボル研究、世界共通語にもかかわり、ベーシック考案にも影響していたと考えられる。

　ともかくオグデンの読んだと思われるものはかなり古い本も多かった。16、7世紀のものは綴りも今と違っているとか、字体も異なるものがあった。書き込みがあるものや下線を見てこれはオグデンが加えたものかなどと感慨深く想いをめぐらせた。せっかく来たのだからと私は一週間ほどここに通い、いろいろ選んで読んでみた。多分それまで読んだ人はほとんどいなかったと思われる。虫食い穴があるものとか色もあせた古めかしい本が多かった。

　これまでにも指摘したように、ベーシックは指示的ことばが主で、感情的用法が主となる文学作品にはあまり向いていないと言われている。確かに「ピノキオ」やショーの「武器と人」など文学作品のベーシック訳も何冊もある。ここには難解で知られているジェームズ・ジョイスの作品 Anna Livia Plurabelle（アナ・リビア・プルーラベル）の一部がオグデンによってベーシック訳されているのがあって、少し読んでみた。ジョイス作品そのものはかなりむずかしいが、さすがベーシック訳は分かりやすく、ジョイス自身もこのベーシック訳を認めたと言われている。

　この貴重図書館ではコピーが出来ないので、何でもコピーすることに慣れた身には不便だった。そこで必要な部分を書き写すしかなかった。常時3、4人が広い薄暗い部屋で黙々とペンを走らせていた。いつも私の前に座っていた白髪でおひげの老紳士はこの大学の

先生だろうか、毎日せっせとカードに何か書き取っていたが、分厚い本のまだ始めの方だった。ともかくこんな貴重なオグデン資料、蔵書があって40年もたっているのにカタログ一つきちんと整理されていないのは何とのんびりしているというか、もったいないことだとつくづく思った。

　私の当初の目的はオグデン、ベーシック関連の本を見たいというものだったが、その目的はかなえられなかった。しかしオグデンの蔵書がこんなにあるとは知らなかったので、思いがけない収穫に大喜びをした。オグデンの読んだと思われる本をいくつか読んで、このようなすばらしい人物の生み出したベーシックがいかに巾広く深い背景から生じたものか改めて思い知った。

ベンサムのミイラとの出会い

　ここでは大学図書館の本館から迷路のような建物をかけ抜けてこの資料室へと何度か往復した。その途中で私がいつも会った人、というか物がなんと'true father of Basic'とオグデンが称したベンサムだった。彼については3章4で詳しく述べたが、オグデンはベンサムのフィクション理論から一般の動詞を排除することへと導かれ、これがベーシックを可能にする鍵になった。確かに彼は「ベーシックの本当の父」と言えるだろう。

　肖像画でも銅像でもなくまさにベンサムそのもの、'skeleton'（ミイラ）と記されていた。当時のままの衣服、帽子をつけ、愛用の椅子に座っていた。死後160年以上もたっているのに実物と見違えるほどだった。関係書に出ている彼の生前の写真はいずれもけっこうハンサムな姿だが、ミイラは正直のところみにくかった。私は毎回そこを通る度に何ともうす気味悪かったけど、'true father of Basic' つまり私の研究しているベーシックの生みの親とじっくり対面して感無量だった。

実はベンサムの著作をまとめてオグデンが出した *Jeremy Bentham 1832-2032* のという本の付録の最後 Auto-Icon（自分の像）という節にこのミイラの写真と説明がある。私もそれまでにそれは見ていた。ベンサムは老年になって自分の初期の作品に後期のものより文体上のメリットがあることに関心を持ったと述べている。しかし彼が最後の作品として取り組んだのは Auto-icon, or Farther Uses of the Dead to the Living.（生きている人々への死者のより進んだ用途、つまり auto-icon）だと述べている。彼はこの構成に夢中になって死後の処置をいろいろ研究し、遺書の中でも詳しい処置を指示している。オグデンは奇人とも言われたが、彼と共通点が多いベンサムも確かにオグデンに劣らずすごい奇人だったと改めて納得した。

クワーク博士とお会いして

このＵＣＬ訪問にはもう一つすばらしいおまけがあった。それは英語関係の方はご存知だろうが、分厚い文法書や *LDCE* の辞書でも有名なクワーク（R.Quirk）博士にお目にかかり親しくさせていただいたことである。博士はこの大学の名誉教授だった。たまたま博士の書かれた小論の中でのベーシック関係の記述に疑問があって手紙を出した。丁度ＵＣＬに行く間近だったので、手紙の末尾に近々のうちに先生の大学のオグデン資料を見に行く予定と付け加えた。

すると何と速達の air mail で返事が届いた（当時まだパソコンのメール使用はなく）。博士は私がベーシックを研究していることに

大変興味を持たれ、会いたいから大学に来たらすぐ連絡するようにと研究室の電話番号が記されていた。大学に着き、電話をするとすぐ研究室に来るようにとのこと。つまりこれは当時にしてもベーシックやオグデンを研究している人は珍しいということだろう。あの有名なクワーク博士とはどんな方かとおずおずドアをノックすると、白髪のいかにも温厚な感じの老紳士がずっと待っていたと言って初対面の私を暖かく迎え入れて下さった。

　もう大学は停年になって、しかも夏休みだったのに毎日研究室に来られているとのこと。ベーシックの話は尽きないほどだった。奥様のスタイン（Stein）博士もご一緒だった。彼女はドイツの大学で英語学を教えられ、ベーシックのことにもとても関心があった。またこれは全くの偶然だったが、私と同じ delexical verb (give a jump, make a discovery など「基本動詞＋動作名詞」の用法) を研究されておられた。その問題についても話ははずみ、お二人に囲まれお昼もごちそうになった。多忙な先生は手帳にちゃんと私との時間の予定を入れて下さり、その後一週間の間に短時間ながら何回か研究室に招かれた。

　オグデン関連の図書館のことに話が及ぶと「オグデンの蔵書を買い取った時に私も立ち会った。その時のリストがあるはず」と言われ、直ちに電話をしてそれを私に見せるよう交渉してくださった。ところが向こうもなかなか了承してくれない。ついに博士はそれなら私が彼女を連れて行くからよいだろう、私だけでなく妻の professor も一緒に行くからという事でやっと OK がでた。よほど貴重な資料なのだろう。というわけで私は2人のお偉方に付き添われて貴重書図書館に行き、めでたくオグデン蔵書のオリジナルリストにもお目にかかることができた。

博士は生前中のオグデンと個人的にもかなり親しく、その素晴らしい才能に心から感服しているとのこと。あれほど博学、非凡な人は先ずいないと 'genius'（天才）ということばを何度も使われた。でも人には誰でも弱点もあり、オグデンは少々変わり者で好き嫌いも激しく、自分の部屋に入れる人も限られていたが、私はその一人だったとちょっと自慢気だった。そのため蔵書を買い取る時も当時の大学の学長を気に入らず、代わりに私がその交渉に当たったのだと言って、その目録の博士の署名を見せてくれた。

　ともかく博士はオグデンをイギリスにおける知性の伝統的系譜を代表する一人として非常に高く評価していた。特に『意味の意味』からベーシックを通して彼が主張している「ことばの魔術」という考えは重要だと強調していた。つまりベーシックという言語組織、その背後の考え方に非常に関心を寄せていた。またオグデンの考えは anti-government（政府には反対）だったので、政府の言うことに惑わされるなという気持ちが強くベーシック考案にも出ていると話されていた。確かにベーシックは「ことばの魔術」の解毒剤、出口だったのだから。

　ベーシックの考え自体は尊重し、その必要性も認めているが、実際の表現については細かい点では不満もあるようだった。それでも特にコンピューター時代 simplified English は必要で、例えば科学のあらゆる分野での論文にベーシックのような平易な英語でサマリーを付ければどれだけ学問の向上が図れるだろうかと熱っぽく語られた。これについては実際にスイスで発行された多言語の科学ジャーナルの論文にも戦前には研究所が数年間論文の要旨をベーシックで提供して、読者に大変喜ばれたが、残念ながら戦争で終わってしまった。博士はこれを思い出されたのだろうか。

博士はベーシック、オグデンからの影響もあってと思われるが、後に 'Nuclear English'（核となるような英語）を提唱した。これは英語が世界各地で通用できるような核的部分で、学びやすいよう統語面でいくらか制約を加えている。ただ語彙制限についてはほとんど言及していないし、余りはっきり系統だったものではないが、普通英語ほど文化にとらわれていない。また彼もオグデンらと同様、とりわけ20世紀初め、ことばが不適切のために人びとが遭遇する危険が大きかったことを指摘している。

　以後しばらく博士とは文通を続けた。その後私がベーシックやオグデン関係の本を書いたことを伝えるとぜひ読みたいと言われた。でも日本語ではどうしようもない。はしがきにも言及したネット上のベーシック機関から頼まれて私のオグデンの本の概要を英文で10枚ほど出しているので、それを知らせたら早速読んで下さり、とてもすばらしいと喜んでくださった〈http://ogden.basic-english.org/books/sumogden.html〉。

2 レディング大学　University of Reading（Ogden Archives）

　ここはロンドンからほど近いレディング市にある公立の大学だが、実は私自身が以前に学び、修士課程をとった大学だった。当時そこにオグデン関係の資料があるなどとは夢にも思わなかった。後にオグデン関係の資料があると分かって、なつかしい母校を訪れたのだった。貴重書館は大学図書館の奥の方にあって、入り口は鍵をかけてあるので出入りの度にベルを鳴らして開けてもらうのが面倒だった。ただ前もって連絡してあったのでオグデン関係の文書が入っている大きな箱2つをすぐ出してきてくれた。

ここには主としてベーシック関連の本を出版してきたキーガン・ポール（Kegan Paul, Trench, Trubner & Company）出版社関連の資料が保管されている。一つの箱にはOgden's Accounts（会計書）と書かれていたので、これは素通りした。もう一つは主に1923年から1948年頃までのオグデンとキーガン・ポール社との間に頻繁に交わされた手紙がびっしり入っていて、先ずその量の多さに圧倒された。オグデンが忙しい最中こんな手紙のやり取りをしていたなんて信じられないほどだった。

オグデンとキーガン・ポール社間の文通

　キーガン・ポールは当時大手の出版社で、オグデンの出版物の多くはここから出されている。彼が編集した『サイキ』、5つものシリーズ物も出版はここからだ。オグデン自身も顧問編集員としてこの出版社と深いつながりを持ち、彼の死の年まで長いことここでの仕事を活発に続けていた。また個人的にも社の主要人物たちとも長い間付き合いをしていた。ここが責任を持てる出版社だと分かっていたからだろう。また社の方もオグデンの並外れた編集上の意見を高く評価していたようだ。

　これら両者の間の書簡を読んで改めて感心したのは、やはりオグデンとはすごい人物だということ。一日に普通の人の何日分の仕事をしたのだろうか。ベーシック考案などで多忙をきわめていた時期でも、ここでの編集の仕事にも大変な努力を注いでいた。その上、出版社当てだけでも一か月に10通以上の長い手紙を、しかもほとんど自筆で書いている。ところがこれらを読むのが私には大変な難行だった。というのも彼の字は達筆過ぎてなかなか判読できない。まるで暗号を解くように苦労して読み進んだ。でも当時郵送、それ

とも馬車ででも運んだのだろうか、大体翌日の日付で出版社からの返事があって、こちらはタイプで読みやすく、それを読んでオグデンが書いたことはこのことだったのかなどと推察したりした。

オグデンとキーガン・ポールの間の莫大な量の手紙からこの両者の間には数々の問題があったことが分かった。これについては2章3でも述べておいた。オグデンの編集上の意見は社では高く評価されていた。それでも彼の5種類ものシリーズに入れるかどうか、それぞれの作品について出版社側は当然売れ行きから採算を考え、オグデンは最新の思想を読者に提供したくて意見が分かれることが何度もあったようだ。そしてしばしば彼の決定は拒絶された。オグデンとしては編集者の義務として当時の新しい考えを受け入れるより会社の財政面を優先しなくてはならないことに悩んだだろう。これらシリーズの3種類はアメリカの出版社でも同時に出版されている。

オグデンは何といっても「論じ合い、他社より一歩先んじる」というのがキーガン・ポール社の運営へかかわる大前提だった。そこで徹底的な対決もよくあった。原稿がまだ十分に検証されていないとか一般の読者にはまだ人気がないとかで拒絶されると彼は激怒した。

オグデンは自分の編集しているシリーズものに入れたい作品について、出版社に次のように書き送っている。「もし君たちが正当な調査が欲しければ、この原稿は国際双書への確かに称賛に値するような一作品となるだろう。…またもし君たちが進歩的な調査研究で名声を強化したければ、論理的な実証哲学のワインバーグの研究調査はもっと前途有望な投資になるだろう。もし両方とも拒絶するなら君たちは確かに分かり切っている活動範囲を放棄することになる

だろう」と。オグデンらしい皮肉めいた手紙である。

　財政面の問題も長いこと続いた。でもオグデンは寛大で、締め切りとスケジュールさえ合えば、翻訳者や校正者、評論家たちに自腹を切っても支払いをした。また売り切れない余った大量の本を自分で買い取っている。彼の編集に対してオグデン側から請求しなければ印税は支払われなかったが、『意味の意味』については彼から請求しなくても支払われた数少ない例だったとか。彼の社に対する不満は支払いの遅さとか社の冒険を避ける態度だけではなかった。出版社からの正確でない情報、彼の会計の間違えなどもあった。彼のある本はある年に700部も抜け落ちていたとか、また国際シリーズのアメリカ版では彼が編集者であることが抜けていたなど。

　オグデンのシリーズものに自分の本を加えてほしいという人々が頻繁に出版社に頼み込んでくる。そこでオグデンに読んで判断して欲しいと手紙を送ると、彼は何日もたたないうちに分厚い原稿でもちゃんと読み通し、理由を明記して採用するか、または断るかいずれかの決断をして返事を出している。いろいろな仕事の忙しいさなか何時そんなものを読んで判断する時間があったのか不思議なほどだ。さらにシリーズの中の出版物には他人のものでも細かく目を通し、いつでも売れるように在庫や売れ行きも調べていた。

　リチャーズのベーシック関係の本はちょうど彼が中国に行っていたためか、オグデンが校正など非常に細かいところまで目を通している、注の部分やコンマに至る些細な点までも。そしてこの本については50%の代金を要求したが、後に90%印税が支払われたと書かれている。もっとも自分の取り分は個人で使うのではなく、ベーシック・イングリッシュ財団に入れるのだからと断っている。

　細かいという点では面白い話もある。*Ice and Snow* という話を

ベーシックに訳して自分のシリーズに入れたい、原作者には使用料を払う必要はないだろうとオグデンは出版社に書いている。何故ならベーシック訳が売れれば元の本も売れるだろうからと理由をつけて。出版社は原作者にただで許可をもらうのは無理だろうけど、一応オグデンの意向を先方に伝える。原作者のそれは無理との返事に出版社はオグデンにあきらめるように伝える。結局彼は1章につき3ポンド支払うとして契約は成立している。何通もの出版社とのこのようなやり取りを読んでいると頭脳の塊のようなオグデンの人間臭さも感じられ、つい微笑みながら面白くて釣り込まれて読み続けてしまった。

3 ケンブリッジ大学（Central Library/Magdalene College）

2章1で述べたようにここはオグデンの母校であり卒業後も長くかかわった大学なので、私もキャンパスに入って特別な思いをいだいた。中央図書館には関係資料はそれほど多くはないが、彼の原稿が収集されている。ここで特に目に付いたのはロシアのベーシック普及運動についての資料である。ロシアでは元来プロレタリアートは外国語を学ばないとして、最初はベーシックに対しても関心はあまりなかった。ところがリトヴィノフというアメリカ人の女性がベーシックに注目してこれに興味を持った。1931年にはイギリスまで行って、オグデンを訪ねて彼から直接ベーシックを学んで来た。彼女はベーシックに深く感動し、ロシアでもこれを広めようと大々的に普及運動に取り組んだ。

1933年たまたま外務長官でワシントン駐在のご主人と彼女が電話でベーシックについて話をしたことが *New York Times* に出て、

それまで関心のなかったアメリカ人もベーシックに興味をもったとも書かれている。彼女の活躍は注目され、モスクワの新聞 *Moscow Daily News* にも何度か取り上げられた。実際彼女は何冊もベーシック関連の本を書き、教師の養成に励んだ。*Black Beauty*『黒馬物語』を始めベーシック訳も何冊か出した。また *Step by Step* などベーシックの学習書もロシアの生活状態と合うように絵でも不適切なものは変更している。「全ロシア人にとっての英語の母」とまで称賛されるようになった。

彼女はロシアで先端をきって学校や各職場、軍隊などでベーシックを教え、また講演などもした。ロシア人が外国語としてそれまでのドイツ語ではなく、英語を学ぶこと自体が世界的なニュースになったようだ。半面、英国帝国主義の手先となるのではと疑う者も出てきた。しかし教師のサークルも出来、ベーシックの活動は活発になった。3,000人からの主として女子学生がツーリストガイドとしての資格を取るのにベーシックを学んだ。彼女は英語を母語とする人には分からないだろうが、自分が実際教えてみてベーシックは外国人にとって短期間で英語学習の効果が出ると新聞に書いている。

オグデンとの間には数多くの手紙のやり取りがあり、また彼女の元に何冊もベーシックの関連書が送られてきた。オグデンは手紙で彼女の活動をきわめて暖かく激励し、至れり尽くせりの助言を与えている。彼は独身を通し、もともと女性とは親しい付き合いはあまりなかったようだが、彼女との手紙はとても暖かい雰囲気を感じさせる。他の手紙には見られないような細やかな助言ややさしい励ましなど、仕事を超えた温かみがあふれていて何となくほほえましく感じられた。

モードリン・カレッジ

　オグデンやリチャーズが学んだモードリン・カレッジ（Magdalene College）は本校とは離れた場所にあったが、どうしても訪ねたかった。こじんまりした素敵な校舎で、ここは *Pepys Diary*『ピープスの日記』で有名なピープスの母校でもあり、彼の蔵書を保管している優雅な建物 Pepys Library が目をひいた。ちなみにこの college で一番の優等生はピープスで2番目がオグデンだったと言われている。

　オグデン、ベーシックの研究をしているので関連の資料を見たいというと、わざわざその専門の方が出てきて貴重な資料をどこからか取りだしてきてゆっくり読みなさいと特別な部屋に案内して読ませてくれた。資料は大して多くはなく、主にリチャーズとの書簡だったが、オグデンが実際に学んだ場所だったのでここはとても印象深かった。

4 ロンドン大学　University of London　教育学部（Lauwerys' Collections）

　長年にわたりオグデンの親しい友人のラワリーズ（J.A.Lauwerys）はこの学部の教授でもあった。ここでの資料が今世紀に入ってやっと閲覧が可能となった。その前から見せて欲しいと連絡を取っていたが、まだ資料は大きな袋いくつかに入ったままで、専門の司書が来て整理するまでは見られないと言われて首を長くして待っていたのだ。それらは主にベーシック財団の記録、関連文書、書簡などでかなりの量がある。戦時中、戦後と比較的後期の普及活動の資料である。

ラワリーズは元来理科系で1930年代ここで科学と数学の教師養成をしていた。そこで特にアジア、アフリカからの留学生が英語に不自由をしていることに気付いた。それにせっかくイギリスで最新の科学を学んでも、帰国後は迷信的色合いの強い言語で科学関係の知識を教えなくてはならない。そうした実際の体験から言語理論に関心をいだいて、オグデンのベーシックに出会い、これこそ科学と調和できることばだと興味を持って熱中するようになったと語っている。

　彼は戦後ベーシック活動の一番大変な時にベーシック研究所でも所長補佐を、ベーシック財団では会長も務めてオグデンを助け、オグデン亡き後もベーシックのために尽くした。オグデン死亡後リチャーズにあてて "Ogden's death was a real blow to me. I always enjoyed meeting him and learnt much from him as regards the Basic English Foundation. Things are a standstill…"（オグデンの死は私にとって本当に衝撃だった。私はいつも彼と会うのが楽しかったし、ベーシック財団についても彼から沢山のことを学んだ。事態は行き詰まっている）と書いて今後のことを心配している。

ベーシック後期の活動

　ベーシック後期の普及活動についてはすでに述べた部分もあるが、ここの資料から少し付け加えておきたい。チャーチルは戦時中ベーシックに関心を持ち、支持を表明して内閣委員会も作られた。ただこの政府の委員会はベーシック促進のためには大して機能しないで、オグデンとの間にはいろいろトラブルもあった。戦後1947年政府の要請でやっとベーシック財団[2]が設立された。これで公の団体として国庫から援助金を受けることになった。研究所もここを

通して政府からの助成金を受け取ることになった。実はそれまでは1930年代頃から本国のイギリスではなく、アメリカのロックフェラーやペイン財団から特に極東の中国、日本でのベーシック普及にとかなりの援助金を受けていた。

ベーシック財団からの助成金の目的として——ベーシックの普及運動、教師養成、テキストなど本の出版、質問への答え、文書の翻訳、政府の省など他の組織との協力、外国の組織との協力などがあがっている。しかし実際にはオグデンの思うようにはなかなかいかなかった。この助成金は使用目的も制約があり、国内だけで外国の英語教育の実験や外国のベーシック普及の費用としては使えなかった。しかもどういうわけかこの助成金は1953年で打ち切られている。

戦時中は紙、資金、人員いずれも不足して思うような活動はできなかったが、戦後植民地支配からの撤退は英語の公の促進、ひいてはベーシックについてもある種の罪悪感を引き起こした。ただ徐々に報道規模も回復して、外国との連絡、交渉も回復してきた。財団が出来て助成金も受けられるようになり、ベーシック関係の本も出版できるようになった。

2章4に記したように戦後一時期ベーシック活動は世界各地で盛り返し、本の要請もあった。1949年ごろジュネーブではベーシックを使って避難民の組織に情報を送り、オーストラリアでは移民にベーシックを使って教えたら大変効果があって、大きな町の本屋にはベーシックの本が置かれていたという。ドイツ、インドなどでも活躍が目立った。ノルウエーでは大学で、メキシコでは放送に使われたとのこと。外国からの訪問者や問い合わせも多くなり、教師用テキストを出してほしいとの要望も大きかった。

当時2つの大きな課題は、インドの army course のテキスト改訂および NATO と民間航空省が航空用語としてベーシックを使いたいとの要請だった。しかし後者の話はなかなか進まないようだった。当時オグデンは細かい指示は出しても、実際にはむずかしい問題の処理など助手のロックハートがしたようだ。オグデンはそれに対して彼女に手紙で感謝している。

　ベーシックは徐々に盛んになってきたが、実際は本の請求は来ても在庫がなかったし、また値段の安さから利益は大きくはなかった。オグデンは財政状態などからこれ以上ベーシックを広げることは無理と、助成金の打ち切られた1953年で研究所から手を引いて、後をロックハートらに任せた。彼女はその後も世界各地からの要請を受けて出向くなど忙しくしていた。1957年オグデンの死後は兄やラワリーズらが引き継いで各地での活動を細々ながら続けた。

　1965年に20年近く前に着手された *The Science Dictionary in Basic English*『ベーシックによる科学辞典』がやっと出版された。これはほとんどすべての科学分野から選んだ25,000以上の語や句の意味をベーシックで表し、外国人だけでなく、英語圏の科学に詳しくない人々の人ためにも分かり易く貴重なものとみなされた。

　1969年には国連の食糧農業機構からベーシックを外国人の学生の教材に使わせてもらったと感謝の手紙を受けている。この年日本で、ダニエルズによるが日本語からベーシックへの『英文を書くための辞書』が手をつけてから40年もたってやっと出版された。

5 カリフォルニア大学ロスアンジェルス校　University of California in Los Angeles（Ogden Collections）

　ここはアメリカでは唯一オグデンの資料があるところで、オグデンの死の年に彼の蔵書や資料から10万ドルで6万点も買い取っている。この買い取りの経緯について文書が残されているので少し紹介する。学長はこれらを "one of the most varied and valuable book collections to come on the market in recent years."（近年市場に表れた中では最も種類も多く、貴重な蔵書の一つ）と発表している。

　またオグデンを "one of the intellectual giants of modern England, unconventional but deeply learned profound original thinker"（近代英国の知的巨人の一人、因習にとらわれず、博学で極めて深遠な独創的思想家）と称してその活動を紹介している。ここの図書館員がイギリスまで行って収蔵品を調査した上での推薦で、学長自身これを認め、カリフォルニア大学は数か所のキャンパスがあるので、この資料はいずれのキャンパスでも利用できることを強調している。

　ここには彼の1万冊もの蔵書もあり、15世紀から20世紀までの本が含まれ、特にコレクションは思想の伝達、言語学、哲学、心理学に富み、さらに文学、歴史などと幅広いことを学長はあげている。一人の学者が集めたものとしては最大と言われている辞書や百科事典（特に貴重な初版物）にも注目している。また1632年に出版された貴重なシェクスピア2版の大版コピーとか、特に1500年以前の刊行で行われた初期の活字印刷の本70冊など実に貴重なものが多い。また1930年から40年まで年1度出していた "Basic News" もここでしか見られずに全部コピーさせてもらった。

私はこの場所を何度か訪れたが、中でも特に興味をひかれたのは、前にも触れたが、オグデンの10冊以上の手帳だった。それらには彼がギリシャ、ヘブライ、イラン、シリア、アルメニア、中国、朝鮮、カンボジアなどなど20ヵ国語近くを学んだ記録が残されている。20ヶ国語も、しかもあまなじみのない言語を学ぶなんて、オグデンがいかにことばに関して知識欲旺盛だったか改めて感心した。これらもベーシックの国際語としての目的と何らかの関連はあったはずである。

6 マックマスター大学　Macmaster University　カナダ（Mills Memorial Library）

　オグデン、ベーシック関連のかなりの資料は1のUCLと5のUCLAに買い取られたが、オグデンの兄は手元の文書すべてに目を通し、必要なものを抜き出して、注を付けて1970年代初めに売りに出した。残りは80年から81年にかけて競売に出し、そのほとんどをこの大学が買い取った。量としても150箱もありどこよりも多く、種類も様々だが、中でも1927年以降の莫大な量の書簡が他を圧倒している。オグデンと日本人との間の書簡もかなりあり、それらは特に興味深く、私が利用させてもらった資料はここのものが一番多かった。1996年、1998年とここを訪れてそれぞれ長期滞在した。

　しかもここでは資料がどの資料館よりも整然と整理され、大きな部厚い記録帳に目録がきちんとわかりやすく記されている。これは利用者にはとても有難いことだ。温度も常時設定してある保管室にはオグデン関連の資料が入っている150の箱が整然と並んでいる。

それもそのはずでここでは歴史学の博士が主任としてオグデン関連のものすべてを2年かけて整理して管理していた。私はここを利用している間にその主任の女性と親しくなり、個人的にも彼女の自宅までディナーに招かれたこともあって、オグデンやベーシックについての話はいつも尽きなかった。また帰宅後も彼女とはメールでいろいろやり取りを続けた。

　日本人との書簡については、日本人一人ずつ分類されて年代順に整理されている。オグデン宛ての手紙はほぼすべてそのまま保管されている。ただコピーされているオグデンからの手紙はすべてかどうか不明である。日本人からのオグデンへの手紙は主にベーシックについての疑問や普及方法などの質問、また活動の報告などである。これらオグデンと日本のベーシック運動家たちの手紙を通して、ベーシックが日本でどのように受け入れられてきたかがはっきりと分かるので詳しく紹介したい。

　先にキーガン・ポール社との書簡の多さに触れたが、ここでのオグデンの手紙の量にもほどほど感心させられた。忙しい仕事の合間に、手紙だけでも信じられないほど沢山書いていたのだ。

　オグデンと文通の多かった日本人（日本在住の外国人も含む）についてみてみよう。交わされた手紙の数からはダニエルズ（Daniels）が一番多く、彼からオグデンへの手紙は1,000通を超えている。彼については辞書のことに絡むので最後に詳しく記す。

　先ず日本に初めてベーシックが紹介されたのは1929年5月 *The Japan Chronicle* という英字新聞で、ベーシック試案の発表後わずか4か月後である。日本の文部省による漢字制限の試みと比べて同じようなものと説明している。『英語青年』は1931年に初めてベーシックを取り上げ、これを皮切りに1934年くらいまで同誌に

はベーシックとその普及運動について頻繁に取り上げられている。

日本人とオグデンとの文通

英語教育への実際の応用はオグデンの元で学んで来た**ロシター**（Rossiter）が最初だ。彼は 1929 〜 30 年すでに江田島（広島県）の海軍兵学校でベーシックの実験を始め、自分のクラス用にテキストを書いた。また彼は日本での初期のベーシック運動に大きな役割を果たした。日本人のベーシック訳の見直しなどにも力を惜しまなかった。オグデンにも日本の状態を細かく知らせて助言を求めている。

日本での普及についてオグデンに「送ってくれた *ABC of Basic English*『ベーシック入門』の原稿を読んだが、日本人に必要なのは学習者より教師向けの紹介だ。simple と言われているベーシックだが、日本人には分かりにくい」などと批判すべき点ははっきり言い、精力的にベーシック普及に努めた。後にダニエルズの辞書の原稿も読んで細かい所まで検討して適切な批評をしている。

彼の後を引き継いで活躍したのが詩人でもある**エンプソン**（Empson）で、彼は 1931 年に来日して文理大に赴任した。精力的にベーシックを紹介した。当時ベーシックへの非難もあったが、それらに対して英字新聞などで弁護している。「ベーシックはいずれ習う普通英語の一部、基礎なのだから最初に学ぶ価値はあり、便利なものだ」などと主張している。また「英語をかなり知っている大学生にも、ベーシックの役割は下生えのやぶをすっきりさせる役割がある」と書いている。熱心にベーシック運動にかかわったが、やがてベーシックの厳密さに疑問を持つようになり、リチャーズが後に唱えたようなおだやかな追加を提案している。

岡倉吉三朗

　彼は岡倉天心の弟で元々日本での英語教育についていろいろ考察していて、いわゆる英語の修養的価値への主張に抵抗していた。1931年美術使節として英米を訪問し、翌年ロンドンに回りオグデンと会った。直接ベーシックの話を聞いてその考えに大変共鳴し、徹底的にベーシックを習得した。4週間の滞在中毎日10時間ほどベーシックについて、また日本での普及などについてオグデンと語ったという。帰国後日本のベーシックの初代代表となって日本での普及運動の最先端にたって活躍した。

　彼は『英語青年』(1932/5) に「新光」と題して当時日本の英語教育ははかばかしくなかったが、ベーシックに新しい光を見出したと論じている。思想そのものを単位に調査研究した語彙の選定を高く評価して、背景になっている言語観を理解した上でベーシックが日本の英語教育の基礎としてきわめて有効だろうと述べている。英語界の新星のようなベーシックの意義を力強く語り、精力的に普及運動に励んだ。

　当時ベーシックへの抵抗感もあって思うようにはいかなかったが、彼は終生熱心に普及運動に精出した。オグデンからベーシック関連の資料を多数送ってもらったことを感謝して、自分の生涯をベーシックに捧げるとの決意を述べている。今こそベーシックを使って日本の初期の英語教育を何とか改善したい、ベーシックは初期段階での英語教育の行き詰まりから救う最上の手段だと述べて、そのために私も最善を尽くすと語っている。彼が日本語で書いたベーシック関係の文書は英訳されオグデンのもとに送られ、研究所に保管されている。

　後に述べる高田と共同で、何冊かベーシック関連、ベーシック訳

の本などを出している。ただ実際には日本での普及運動は思うような速度では進まないと手紙でもどかしい思いを記している。現状は教科書が公的に決まっているし、入学試験もあるので完全な改革は困難なこともオグデンに伝えている。日本でのベーシック活動が盛んだと思われているが、実際の状況はなかなかむずかしいと日本での実情を書いている。

その他の人々

　市河三喜も1931年イギリスに行き、直接ベーシックに接してその展望を論じている。彼の *Century Readers* 1、2巻はオグデンと共にベーシックに書き改めたもので、サイド・リーダーとして1934年に研究社から出ている。ただ日本の教科書をそのままベーシックに訳すのは難しく、例えばcanを主とする課は略すとか苦労したようだ。そのはしがきに英語教育においては語数を制限して、これを運用する能力を養うことが必要だとし、850の単語で不自然な言い回しは避けがたいが、慎重によく考え出来るだけ自然な英語を用いるように努めたと書いている。実はベーシックでのこのリーダーには岡倉もかなり尽力している。

　私もこれを読んでみて、かなりよくできていると思ったが、実際に教室でどの程度使われたかは不明である。市川にもオグデンとの間で意見の食い違いはあった。あなたの立場では当然ベーシックを純粋に使いたいだろうし、私はベーシックを応用して英語教育に使いたい。その方が安全だと記している。ただやさしい英語の需要は増えているので、ベーシックから不自然さを除けばよいと思うと記している。

　福原麟太郎は元来文学者だったが、「ベーシックの理屈を知らな

いで非難している人もいるが、ベーシックの組織には我々を啓発するものがある」と『英語青年』(1933/6) に寄せ、ベーシックを擁護している。岡倉のことを my intellectual father であるとオグデンに書いている。ただ彼もベーシックの -ed, -ing の用法で動詞的な使い方が出来ることには疑問を抱き、自分ではこれを使うのは止めていると記している。

　ベーシックの推進者は東京だけでなく、日本の各地にいて、普及活動に励んでいた。京都では**中瀬古六朗**がベーシック関係の本を読んで興味を覚え、1931 年 9 月には『われらが科学』という雑誌にベーシックについて短信を書いたとオグデンに知らせている。その年彼が主幹となって *The Basic English Monthly*（ベーシック月刊）という雑誌を創刊した。この中で英語教育の基礎としてベーシックの語を順次追加して完ぺきな普通英語に進めるように、試案の追加語彙やその順序なども示している。またその年に教育勅語をベーシックに訳して雑誌に載せたとオグデンにも告げ、「ベーシックは日本人学習者には大変有益で、言語教育の科学的、分析的研究に重要だ」と記している。

　彼は理学博士で他のベーシック推進者たちとは分野も異なっていたが、京都勢の中心として非常に熱心にベーシック活動に取り組んでいた。講演会も 6 回ほど、またラジオでも 4 か月の間中等英語教育講座でベーシックについて話をした。彼の雑誌はどういうわけか残念ながら 2 年ほどで廃刊になった。京都という地理的な不利、彼が専門外のため、東京勢や英語教師などから反発があったのかもしれない。この雑誌はオグデンも大変気に入っていたので廃刊を残念がっていた。

　岡本春三も同じく京都で、商業関係のベーシックの本を 2 冊書

いた。一つには比較のため普通英語も添え、日本語の注も付けて出版した。彼はオグデンに「何とかしてあなたの simple English を推進したい」と情熱のこもった手紙を書いている。このように実用英語としてのベーシック普及も始まった。それまで実業界では廻りくどい英語が使われていたが、ベーシックの簡潔さに賛同するという人も多かったと言われている。

　また彼は『英語青年』(1933/11)に日本の英語教育は労多く効果が少ない、語彙をやたらに増やしても無駄で、今こそきちんと考えるべきだと主張している。「日本ではベーシックを認めても、きちんとした知識のない人が多い。ベーシックの専門家を訓練するセンターが欲しいと切実に願っている」とオグデンに書いている。

　仙台の土井光知は英文学者で、オグデンへの手紙は立派なベーシックで書かれている。ベーシックは日本の英語教育に大変役立つだろう、我々には英語の微妙な違いはよく分からないが、ベーシックをよく研究、調査してみたいと告げている。彼はベーシックでリーダーを書こうとしたが、動詞をいろいろ覚えることも必要と思い、普通の英語にして語彙をベーシックで簡潔に解説したとロシターに告げている。このリーダー5巻すべてにベーシックの語表を付け、その分印税のいくらかをオグデンに送っている。オグデンは印税をいったん送り返すが、彼は律義にまた送っている。

　なお土居は自らベーシックの主旨を取り入れて1,000語の『基礎日本語』を書き1933年に本として出版した。またその英訳 *Basic Japanese* (1935) まで出してこれをオグデンに送っている。当時小学校教育しか受けてない一般庶民に堅苦しい日本語は難しかったし、朝鮮、台湾の人々の日本語教育にという面もあった。そこで基礎的な日本語を使えば彼らにも容易に理解されるだろうと出来るだ

け単純で分かり易いように作った。

　動詞も数を抑えているが、「…する」を 200 語、また不規則動詞 50 語は必要だった。私もこの本を読んでみて、決して自然な日本語とは言えないが、ベーシック発表後こんなわずかの年月でそれを活用してこれだけのものを完成したのはすばらしいと感心した（後に国語研究所から簡易日本語も発表されて読んでみたが、土居のものに比べて格段の進歩とは思えなかった）。

　富山の**高田力**は実質的に岡倉に次いで日本でのベーシック運動に貢献したと言える。1932 年には欧州に留学してイギリスでベーシックを学んで来て、普及運動に精出した。岡倉も高田のことをベーシックも非常に上達したので、教材準備にも役立つだろうと期待し、オグデンにも彼のために出来るだけのことをしてくれるように頼んでいる。彼はしばしば上京してベーシックの今後の運動について上記の人々と話し合っている。結論として日本人は理論的裏付けを求めるので、実際的知識より理論をきちんと知らせることが大事だと考えている。それについて重要な点を suggest してくれるようオグデンに手紙で頼んでいる。

　彼はオグデンの *ABC of Basic English* を日本語に訳して 1934 年に出版している。この本はベーシックの系統だった学び方について書かれ、1 か月に 1,000 部以上売れたという。ということは当時ベーシックに関心を持つ人がかなりいたことを示している。オグデンも高田のベーシックの実力、まじめさに大いにほれ込み、非常に高く評価、信頼していることが手紙からもうかがえる。岡倉への手紙で高田のことを次のように言っている。彼は滞英中、食事の間どんな話題でもすばらしいベーシックで話して私たちを驚かせた、まだ習い始めて 4 か月なのにすごい進歩だと感心したと。

パーマー（H.Palmer）はベーシックにはむしろ反対の立場だったが、ベーシックとかかわりが深かったのでここで取り上げる。彼は1922年に文部省の英語教育顧問として来日、英語教授研究所の所長となった。彼は頻度を元とした基本語選定の問題にも取り組み、基本語彙を何回か発表した。また oral approach の実践、普及にも精力的に務め、日本の英語教育に大きな影響を与えた。

　彼はベーシック発表直後にその関連資料を読み、オグデンに自分も語彙について研究してきたし、協力できることがあればしたいと書いている。彼は英国に行きオグデンから熱心に話を聞き、ベーシックを学んだ。ただパーマーから見れば、オグデンは実際に英語教育に携わったこともないし、ベーシックの理論は単純で非妥協的と思われた。他方、主観的に語彙を選び、教材の簡素化に利用したことに感心して、修正すれば自分の仕事にも役立つだろうと思った。

　日本の英語教育にベーシックを利用しよう、実際に自分の教室で実験しようとオグデンに申し入れる、しかしオグデンはそれをあまり歓迎しない。「あなたが今易しく書き直している本も、私たちがすでに出すことを発表して準備している。出版は確かめてからすべきだ」と書き、著作権侵害なども持ち出してパーマーの申し出を断っている。どうもこの2人はうまくかみ合わないようだ。パーマーの研究所の会報にはベーシックへの非難、それに対する擁護、反撃などの記事が頻繁に続いた。いろいろいきさつはあったが、彼はその後もベーシック自体を不自然な人工語で、日本の中学で教えるには適当ではないと批判し続けた。

数年すると

　1930年前半日本に導入され、盛り上がったベーシック活動も、

半ばを過ぎその後は徐々に下火になってきた。あれほどいくつものベーシック関係の記事が載った『英語青年』からも後半には関連記事はほとんど姿を消した。1936 年に岡倉が亡くなった。これはオグデンにとっても大打撃だったし、*The Basic News* には 4 頁にもわたって彼の生涯について書かれている。彼の死が日本でのベーシック運動に影響したことは事実であろう。彼は死の間際まで *Basic-Japanese Word Book* 作成に努めていたのに。次の代表は高田に決まった。

　他の国々ではまだ盛んに運動が行われていたのに、熱しやすく冷めやすい気風があったのだろうか。日本では初めからベーシックは充分に理解されず、巾広い支持は受けていなかった。誤解もあっただろうし、安っぽい英語、普通英語の代用として一種の脅威ともとられたようだ。特に一般の英語教師たちは、ベーシックの本質を十分に理解することはなく、自分たちのやっていることがおびやかされるように感じたようだ。

　850 と語数を限り、実際に書こうとするとやはり不自由で不自然だと非難された。それに科学、文芸などベーシックで書かれた本はまだ日本では手に入らなかった。研究社からオグデンへの手紙で、出版社側から見てこの状態を分析して知らせている。先ず日本では教科書が検定で決まっていること、教師が自分たちの分野にベーシックが入るのを歓迎しないこと、ベーシックの理屈は好いと分かっても実際にはためらってしまうことなど。

　ベーシック推進論者と共に、批判的意見をもちながらもオグデンと文通を続けた人もいた。ある人はベーシック関連の書評を書いたり、850 の語彙を増やす提案をしたりしている。ただベーシックに多大な関心を持っていたことは事実だろう。オグデンは彼に返事を

出し、ベーシックの本や資料も送っている。

　時代と共に日米関係も悪化してきて、同時に反英語熱も高まってきた。戦時中英語は敵性語で、社会的にも英語の授業時間は減らされたし、ベーシックに対しても否定的意見が見られた。外国でのベーシックの動向も分からずこの普及運動は下火になったままだった。戦後一時期普及運動が盛んに行われた国々もあったが、日本では大きくは復活しなかった。

室勝の活動、そして戦後

　室勝は初期の頃にベーシックと出会い、大変興味を持った。オグデンへの手紙は1936年頃から始まっているが、いずれも見事なベーシックで書かれている。最初の手紙に「日本人にとって英語の発信力が大切だが、英語教師はこの必要性を感じていない。10年もすればこの新しい考えが潮流にのるだろう」と期待していた。しかし事実は戦争に突入し、ベーシックは衰退する。それまで丸善で手に入れていたベーシックの本も、戦争が近づくと海外からの本が規制で入らなくなり送ってもらってありがたいと室は手紙の中でオグデンに感謝している。

　彼はダニエルズとは付き合ったが、他のベーシック運動家とは一緒にならず、一人コツコツとベーシックを学び研究し続けた。戦後も一貫して研究に励み、教え続け、ベーシック学習用の本を何冊も書いた。また彼はベーシック関連の本を同じ書でも何冊も求め、私も貴重な本をたくさん頂戴した。それらは現在すべて絶版なので非常にありがたい。また没後それら何冊もベーシック協会に寄贈された。彼は日本で多くのBasicians（ベーシック愛好家）を生み出し、生涯をベーシックのために尽くされた。

戦後限られた人数であるが、現在までベーシックの活動は熱心に続いている。これはひとえに室勝の献身的ベーシック活動による。彼の講習会でベーシックを学んだものが中心になって日本ベーシック協会が出来た。現在はＧＤＭ教授法研究会と合同の組織になっている。会員は多くはないが、月例会、セミナー、講習会また毎月の会報、年一度の研究誌を出すなど活動は続いている。

　現在日本でのベーシック関係者の多くは室勝氏から直接、間接に教えを受けている。私自身1956年、大学卒業の年にたまたま室氏の個人的講習会に通ってベーシックに出会い、興味を持つようになった。当時の講習会は10人足らずで、ベーシックなど何も知らない出席者に先生は資料もすべて用意され、普通英語をベーシックではこういう風に表現できるとていねいに教えて下さった。私にとってもこの室先生との出会いがなければ現在ベーシック、オグデンの研究などしていない。

　戦争を挟んで途絶えていたオグデンとの文通も1950年代に入ると再開した。戦中、戦後オグデンに手紙を書いている人々も何人かはいた。彼らはベーシックのよさを感じて、またある人は850語に追加をしたいなど改定の提案を出しているが、オグデンはそれには反対している。自分がベーシックの代表になりたいなどの手紙もオグデンのところに届いている。さらにオグデンの元に行きベーシックの理論や事実をもっと学びたいとの要望も何人かあったが、養成プログラムは現在資金不足で取りやめているとのオグデンの返信がある。

　お茶の水大の**西崎**もベーシック運動に励んだようでオグデンからの手紙に「ダニエルズにいろいろ協力してくれたこと、また室氏と共にあなたが日本でベーシックを普及するよう努めてくれて感謝し

ている」との手紙がある。また筑波大の**椎名**もベーシックにずっと興味を持っていること、日本の英語教育の失敗は昔と変わらない、それを避けるのはベーシックしかないと書いている。

　オグデンと日本人の文通は1950年初めごろまでで、以後は途切れている。室はオグデン亡きあと親しくしていたダニエルズと文通を続け、1982年の手紙に次のように記している、「日本でもベーシックへの興味は少しずつ増えてきた。関連の本を教えて欲しいと頼まれるが、残念なことにベーシック関係の本はほとんど絶版だ」と。室の訳で洋販が *ABC of Basic English* を出す予定になっていたが、実際には出ていない。

　これらの手紙を読んでいると、その行間から彼らのベーシックへの情熱がひしひしと伝わって、日本での先駆者たちの努力に敬意を感じる。またオグデンについても日本人との書簡だけでも大変な量で、しかもそれらはごく一部、何千、何万通に及ぶ自筆の手紙に、読んだり書いたりの時間が一体いつあったか不審に思うほどである。しかも推敲の跡が残っていたり、下書きもあったり、それだけ慎重だったのだろう。彼の計り知れない力にまたまた感心した。

ダニエルズの辞書

　またここには先にあげたダニエルズ（F.J.Daniels）の『英文を書くための辞書（Basic English Writers Japanese-English Wordbook）』に関してのオグデンとの間の手紙が数多く保管されている。文通は1932年から始まり、細部に渡ってダニエルズは質問している。この辞書は単語だけでなく、よく使いそうな句の表現がいくつも出ていて、日本人がベーシックで文を書くのに大変便利でベーシック関係者にはとても貴重である。彼が精魂詰めて作ったこの

辞書は完成までオグデンの協力がこんなにも大きかったとは 2 人の間の手紙を見るまで気が付かなかった。

　ダニエルズは 1932 年に来日して、英国大使館に勤務している時にベーシックのことを知り、すぐ学び始める。日本の学校で英語教師になって英語を教えようと決意する。オグデンと文通を始め日本語からベーシックへの辞書があれば有用だろうと伝える。オグデンもその考えに大変感動して賛成する。そこでイギリスに戻り、海軍省で働きながら夕方には研究所でベーシック関係の仕事をした。半年後日本で職を得て 3 年教え、その時日本女性と結婚したので日本語も達者だった。

　日本語からベーシックへのこの辞書は初め 1935 年までに完成する予定だった。しかし出版にはいろいろ困難もあり、実際に出版されたのは 1969 年と 35 年近く過ぎてからである。私も半世紀以上前に来日中のダニエルズさんとは室先生の講習会でお会いし、彼の家も訪れたことがある。長身のおだやかな人柄が思い出される。

　彼はさっそくこの辞書の仕事に取り掛かり、2 年後にはオグデンへの手紙に、「発音、カナ表記 2,000 語まで来た。来年には 4,000 語レベルにまで達するだろうと」と書いている。当初 3 年ほどで完成予定だったが、もっと詳しい方が役立つだろうと案を練り直した。ロックフェラー財団からの基金をこの辞書の仕事にいくらか回してもらったりしたが、充分ではなかった。資金も尽きてきて彼は旧制の静岡高校で教えるようになった。

　ダニエルズはこの辞書を満足いくようにさらに手直しして改良に努めた。しかし戦時中英国人は日本を去るよう勧められ、またオグデンからも英国に戻るよう誘われて 1941 年にはイギリスに戻り、ロンドン大学でＳＯＡＳ（School of Oriental and African Studies）

で日本語を教えた。戦時中は日本語を教えるなどいろいろ忙しく、10年近く辞書の仕事は手付かずだった。1950年から1年休暇を取って辞書に没頭した。出版は英国では日本文字の活版は高くつくので難しく、当初日本の研究社が考えられていたが、結局だめになり、最終的に北星堂から1969年に辞書は出版された。

　この辞書は一般にダニエルズ一人の作業で出来上がったと思われているが、実は完成までにオグデン、ベーシック研究所の多大な協力があった。ダニエルズは大変几帳面で単語一つ一つ細部にわたって疑問点をオグデンに問いただしている。1932年から始まった文通でオグデンは2年間で300項目も質問があったと記している。すでに日本語化している pork, vinegar なども pig's meat, acid liquid としようとか、動物、植物、食物などの名前は身近なものだけど結構むずかしいがどうするかなど。細かい点で trousers のような複数形も「ズボン一着と上着2着」にいくつか例をあげてどれがよい問いただしている。オグデンは自分なら 'I have one trousers and two coats' を使うと答えている。

　なおこのマックマスター大学のオグデン資料を見に来た人がどのくらいいるか尋ねたが、これ程立派なオグデン資料をそれまでに閲覧に来た人はほんの2、3人ほどとのこと。他のオグデン文書館でも同じような状態だろうか、貴重な資料が何ともったいないことと痛感した。

7 公文書館 (Public Record Office)

　イギリスの公文書館は国会図書館並みの規模で素晴らしいところだ。ここはやはり国の大切な文書を収めているところだけに、今ま

での大学図書館とは違い、規則なども非常にきびしい。私が訪れたのは 1998 年と 2004 年で、現在少しは変わっているかもしれない。先ずホールに入ると手順を示すビデオを見る。受付けをすますと、ここも他の文書館と同じくボールペンはだめでエンピツとノートだけ持って中に入る。カウンターで座席番号とその番号が打ち込まれた beeper と呼ばれるポケベルのようなものを渡される。

　次に資料室で自分の読みたい文書のコード番号を探すのだが、これが一苦労だった。やっと見つけた番号をコンピューターに打ち込む。するとスクリーンに "Your documents have been ordered. Please wait until you are beeped"（あなたの文書の注文は受けたので、ベルが鳴るまで待ってください）というようなメッセージが出てくる。2、30 分たつと beeper がピーと鳴り、文書を受け取りに行くという仕組みになっていた。

読書室の様子

　やっと欲しい資料を手にして自分の座席につき読み始めた。ところがこの読書室の管理も大変きびしい。広い部屋の 4 隅のモニターテレビの他に、各部屋にお風呂屋さんの番台のような高いところに監視人がいて、ちょっとでも規則に反すると係の人がすぐ飛んでくる。私も 2 度肩をたたかれドキッとした。一回はたまたま文書の上に置かれていた私の鉛筆を彼は取り上げて文書のわきに置いた。後で 15 項目もある Rules for Conducts in the reading room という細かい注意書きの中に "You must not lean on or place objects other than the document weight provided, on the documents" つまり備えられた文鎮以外は資料の上に何も載せてはいけないのだ。次の時は縦長の文書なのでついかがみこんで読んでいたらまた肩をた

たかれた。確かに not lean on the documents（資料の上にかがむな）と書かれていた。

　しかしこれだけしっかり管理しているだけのことはあって、公文書の充実していることは驚くばかりだった。やはり情報公開をきちんとしている国は違うとつくづく思った。ベーシック関係の資料はそれ程ないと思っていたが、'Basic English' と上書きされた大きな包みが出てきたときは予想外で嬉しくまたびっくりした。実はベーシック関係の文書があまりなければ、そこはキュー・ガーデンのすぐ近くなので植物園に遊びに行こうとわざわざ天気の良い日を選んで訪れたのだった。植物園どころではなく 2、3 日通い、しかも 2 度訪れた。

資料の内容

　その包みは 'confidential'（機密書類）と書かれた紙片が付され、中身は主に政府のベーシック委員会に関するものだった。1943 年 7 月チャーチルがベーシック賛同の演説をして、政府内に委員会を作り検討するように命じた。ところが実際はその委員会は何もしないでベーシックはその後衰退の道をたどったと言われてきた。実際の文書を見ると、この委員たちに回された資料は年間 60 もあり、オグデン、パーマーなどのヒアリングを始めいろいろ検討されていた。その委員会の報告などがここには詳しく残っていた。

　この公文書館での資料からベーシック発表後の政府とのかかわりをみてみよう。前にも述べたように、1943 年 7 月チャーチルがベーシックに関心がある、その拡大は大きな地域合併より国益になるし、またアメリカとの連帯にもなると述べ、翌日の閣議で委員会を設立してこの問題を調査するように申し付けた。8 月にはケベック

での連合国間会議でチャーチルとルーズベルトはベーシックの国際語としての可能性を話し合った。

さらにその9月チャーチルがハーバード大学で名誉学位を授与された時、彼は英米の協調を訴えようとした。演説の中でベーシックの簡素化の有用性を称え、政府としてもベーシックを支持すると話した。容易に学べてあいまいさのないことばは多国語の同盟国同志の伝達手段として意思の疎通に役立つと語った。

ベーシックを広げて連帯を強めることで、他国の土地を奪う過去の帝国主義ではなく、善意に基づく帝国になると文を結んでいる。彼の演説では、ベーシックをオグデン、リチャーズ2人の創作とか、動詞が200語などと誤った事実や数字もあったが、ともかくこれは大きなニュースになり、オグデンの名は突如世界各地に響き渡った。

しかし10月にチャーチルが帰国しても、先に命じておいた委員会はまだ開かれていなかった。12月戦時内閣での委員会の報告について「秘密文書」と付された詳しい記録から紹介する。先ずベーシックに関する検討については、公正を期して当時盛んだった'essential English'（成人向き）、'Oxford Progressive English'（子供向き）などの簡素化した英語も候補として検討している。これらは頻度による語彙制限をしたものだが、ごく自然な英語だと記されている。

言語の専門家、またオグデンや他のシステムの考案者のパーマーなど何人かの意見も聞いている。さらに実際の経験上British Council（ベーシックには批判的）、BBC放送局（ベーシックに価値を認め好意的）などの意見も聞いている。ベーシックそのものについても詳しく解説し、弱点も認めながらも、はっきり理解され普

通英語との違いも気づかれない、何より完ぺきな英語だと認めた。結論として「英語教育の手段として政府は特定の方法を支持はできないが、国際補助語として科学、商業、旅行用のためにベーシックの発展を奨励すべき」とした。

具体的には British Council（英国文化振興会）がその活動の一部として、需要のあるところではベーシック教育をし、政府はベーシック活動に財政援助をするようにすすめた。また BBC も海外放送にベーシックでニュースをながすとか、ベーシック教育などを組み入れて普及に努めるように決めている。

翌 1944 年には政府の各省からの新しい合同委員会でベーシックを推薦することを決定し、その実施には British Council を通して主に外務省が当たり、その他情報局や植民局などもかかわるべきと決めた。この委員会は 44 年には 6 回、45 年には 2 回開かれただけだった。委員会でもベーシックが英語の代わりとしてではなく補助的な国際語として発展することは疑いなく重要だと結論を出している。ただ英語教育の目的とは切り離しておくべきとした。

チャーチルは 12 月の合同委員会の結論を議会に正式に報告し、英国政府によって認められた。ベーシックの発展は公の利益になるので推進の手段を取るべきだということになった。首相のこの声明は太平洋憲章と共に白書になって発表されている。

British Council はどういうわけかベーシックに好意をもたず、余り積極的には後援しなかった。オグデンらが望んでいた Trust（財団）設立もなかなか結論が出なかった。この長引く交渉の間、版権や資産などすべて政府の手に任され、ベーシック側は大変不便をした。オグデンは仲のよい友人に代理を頼み、設立された委員会には出席しなかった。その代わり手紙やメモでかなり強硬な自分の意見

を伝えた。委員会で配られた文書は１年半で60通近く、その多くはオグデンからのものだった。

1945年になっても委員会との交渉は長引き、チャーチルの支持によって引き起こされたせっかくの宣伝も利用できないままになっていた。この年湿気のため在庫の関連書物が無駄になり、本の損失など大きな負債に対して補償金を要求したが、実際に金額が渡されたのは翌年で、これも British Council が反対票を出したためと記録に残っている。ベーシックを守るために望んでいた財団設立にも、委員会はなかなか動かなかった。実際にこれが設立されたのは３年も後だった。

ヨーロッパで終戦を迎えチャーチルは破れ、労働党に代わった。政府としても戦後の時期は国内でもかかわるべきことは多く、チャーチルの野心の実現には力を注がなかった。ベーシックの問題は軽視され、不安、誤解、敵意の中で交渉は続いた。1946年白書が出てから１年半も経ってやっと政府から和解の解決案が出されたが、オグデンは断った。これ以上交渉を続けても無理と彼は交渉の場から退くことを手紙で知らせている。

1947年やっとベーシック財団が設立した。これで公の援助を受ける教育関連の団体として国庫から助成金を受けられることになった。ベーシック関係者はこれで収入にも税金が免除され、文部省からの助成金も入り喜んだ。ただどういうわけか1947年度から始まった援助は1953年で終わっている。

オグデンはそれまで何年も断っていた *Who's Who* に（名士禄）に '44-46 bedevilled by officials'（1944年から46年まで政府役人に悩まされる）という異常な表記をしている。いかに長引く政府の委員会との交渉にオグデンがいらだっていたかを示している。

おわりに

　ここまで読んできて、オグデンという人物をどう思われただろうか。一般には余り知られていないが、すばらしい人物ではないだろうか。まさに一章の最初のタイトル通り、「知識欲旺盛でまれにみる博学多才」、しかも幅広い分野で奥行きも深く究めて、その成果を数々の著作に発表している。それらは心理学、哲学、言語学、倫理学、文学、美学から科学まで、普通一人ではおよそカバーしきれない広範な分野である。その中でも特にことばの問題が彼の最大の関心ごとだった。今まで書いてきたことをここでもう一度まとめて見直して、その価値を考えてみよう。

　オグデンは生まれつきの才能に、洞察力の深さ、興味の広さ、その情熱と粘り強さ、範囲の広い人や本との付き合い、多量の知的資料を消化吸収する能力などが混ざり合って数々の偉業を成しとげたのだ。彼はさまざまな分野の中央にいて、知識や考えを吸収してそれらを融合し、そこから彼独特の新しい科学、言語の研究を生みだした。ただ余りにも広い分野で、また従来の正当な学問とは異なる新しい考えに基づいた仕事のためか、すばらしい研究成果もアカデミックの世界では受け入れられなかったし、正当に評価されなかったことは残念である。

　一般にオグデンの業績と言えば、ベーシック考案と、『意味の意味』の共著があげられるだろう。それにあまり知られていないが、ベンサムの書いたものを編集して、彼の業績を研究、解説したこと

もオグデンの大きな仕事だった。これら3つは彼の「知の3部作」とも言える。ただ彼の成し遂げたことはそれだけではなかった。

『意味の意味』の共著、ベーシック考案、ベンサム研究の3大偉業の他に、ケンブリッジ大学での討論会の統括、大学雑誌、学術雑誌、それに5つものシリーズ物、学術双書の編集長として、しかもいずれも成功させている。10年以上にわたってケンブリッジ大学の知的活動の中心人物だった。広い分野の最高の知識人たちの本を何百冊と学術双書で出版して彼らの考えを広めた。またそんな忙しい中でも翻訳の仕事もしてドイツ語、フランス語などから翻訳書を15冊も出している。大陸の思想をイギリスに紹介し、普及させた功績も大きい。

各方面で活躍したが、中でも大学入学当初から関心を持って、一貫して追求してきたのは「ことばの思想に及ぼす影響」である。とりわけことばの誤った使い方によって人の考えがくもり、混乱も起こる「ことばの魔術」word magic に注目した。ことばの力を人々に意識させ、象徴学という新しい科学を確立して意味の基盤を提供した。それがリチャーズとの共著『意味の意味』に実り、そのことばのもつれ word magic からの出口、解毒剤として考え出されたのがベーシックだった。このように彼の仕事は一般の言語学の枠には収まらない。理論だけでなく、ことばと人の関係、よりよい伝達を行うという実践面まで含めている。

オグデンが終生取り組んできたこの word magic の問題は「はじめに」でも取り上げたように、一世紀近く経った現在でも、というか今の方がむしろはびこっているようだ。ネットの普及、マスメディアによる情報過剰の時代、私たちは一方的に入ってくる情報の渦に巻き込まれがちだ。不条理な主張もことばの魔術でかくされるこ

とは政治や商業面でしばしばみられる。コマーシャルなどの美辞麗句に振り回されることもある。私たち自身何となく分かったような気分で言われていることを受け止め、また意味もはっきりしないまま使っていることばは何と多いことだろう。ことばが思想にとって代わってしまう。

　ことばそのものに意味があると思ってことばに振り回されている。オグデンが言うように、ことばは道具であるということを意識すべきである。実体のないフィクションのことばも実体があるようにとってしまう。またことばには固有の意味はない、人が実際に使って初めて意味が生じる。さらに彼が区別したことばの２つの用法で、喚情的意味を指示的意味ととることもよくある。感情的ニュアンスを伝えるだけのことばも多いのに。オグデンが提起したこれらの問題についても、この本が見直すきっかけになればよいと思う。

　オグデンのこのようなことばの使い方に関する仕事は言語学にはどう影響したのだろうか。共著の『意味の意味』は古典ではあるが、意味論の源泉として何版も重ねて現在まで世に知られている。それまでの言語学は基本的問題に失敗している。意味という中心課題や思想と言語の関係などほとんど触れてこなかった。象徴学という新しい学問を打ち立て、とらえどころのないことばの正体を突き詰めようとして一応の答えを出している。この書は今でも取りあげる価値はあると思われる。

　オグデンらがその中で重視した記号場の考え、伝達機能を重視することは大きな成果だった。ことばは人が使って初めて意味を表すのに、この人の思想、広く言えば脈略がそれまであまり考えられなかった。この脈略の重要性は原始人の言語を調査したマリノウスキ

ーの「場の脈略」ともかかわっている。さらにロンドン学派のパイオニアであるファース、そしてハリデーの言語学などにも大きく影響を与えた。彼らは言語の抽象的構造より、具体的場面の中で表面の構造がどのような言語の機能と結びつくかを研究、つまり意味を言語行動全体の中でとらえようとし、場面の脈略を重視している。結局オグデンは間接的にせよイギリスの主要なロンドン学派形成に関わったことになる。

　ベーシックについてはどうだろうか．『意味の意味』と同じこれも極めて斬新な考えで、発表当初から反響は大きかった。ただ余りに革新的な考えや企画に対しては、いつの世でも警戒や疑惑、反発などがある。ベーシックに対しても賛同の声と共に批判の声もあがった。その一つとしてベーシックを普通英語にとって代わるものとの恐怖もあったようだ。ところが実のところベーシックは英語に内在する特異点を土台に出来たもので、英語の核でもある。また一般には「850語で何でも言える簡略英語」というだけで、ベーシックそのものの原理、語彙選定の根拠などは理解されていないのではないか。

　戦後一時立ち直ったベーシック運動も現在では影が薄くなっているようだ。ただこのままベーシックを過去の遺産としてしまうのはもったいない。現在英語は国際語としての役割を担い、非英語圏の人々の学習にはベーシックは有用である。4章4で扱ったように、英語学習の第一歩としても、またやり直しとしてもベーシックを利用する価値は大きい。具体的な事実に即した分かりやすいことばにくだいて表すためには、考えをはっきりすることにもなる。大げさなしゃれた表現でなくても、わずかなやさしい基本的な語ではっきり相手に意味を伝えることは大切である。16の基本的動詞や方位

詞と言われる前置詞など充分に使い方を身に付け、自分の物にすれば発信には大きな力となる。

　またベーシックは「英語の小宇宙」ともいえるようなものだから、一般には見過ごされている英語の特質である分解的表現、メタファー、対立、脈略など大切なことに気づかせてくれるし、言語そのものの働きを見直すことにもなる。さらに英語学習面だけではなく、ベーシックは近年コンピュータ関係でも話題に上っている。人の使う言語、full English を理解するのはコンピュータには難しい。人間のための制限語彙をコンピュータに適用する試みもある。

　たしかにベーシックには弱点、欠点もあるが、それらを上回る長所、魅力はあると筆者は確信している。一世紀近く前に作られたものだから、当然時代に沿って必要な語はでてくる。operator である 16 動詞はそのままにしておいて、名詞などは必要な語を加えるとか、語表に加えなくても International words に入れて必要な時は使うなど。ベーシックで書くことは確かにむずかしいが、100% でなくても 80% の near Basic でもよい、ベーシックのよさを生かしてほしい。筆者の『英語を 850 語で使ってみよう』（文芸社 2013）はそれを目的としている。

　現在関連書物は絶版だが、本文で紹介した net 上のベーシック組織には関連の本や論文、またベーシックに訳した小説などが収まっていて、要約または抜粋でもダウンロードできるようになっている。この書によってオグデンの考案したベーシックに少しでも関心を持っていただければうれしい。

　最後に何故筆者がベーシック、その考案者のオグデンに強い関心を持つようになったか付け足しておきたい。学習当初気になったことはベーシックで多用されている give a laugh, make a discovery

などの「動詞＋名詞」の構文だった。こんな言い方は英語でそれほど使うか、不自然ではないかと疑問がわいた。そこで実際に各種の英文で調べてみるとかなり使われていたことが分かった。

　丁度コービルド辞典が最初に出た頃で、それには語の意味がコーパスによる頻度順で、何と give, have, make, take でこの用法が最初に出ていた。そこでイギリのコービルド研究所を訪れ、係の方々とお会いしてその話をした。すると研究所の専門の方々もコーパス分析の結果、この用法がすごく頻繁に使用されているので excited 興奮しているとの話。ベーシックが作られたのはその半世紀も前のこと、オグデンの先見の明に感心、ベーシックを見直すきっかけになった。集めた3,000以上の文例は分析して注4章6の本になった。

注
1章

1) Florence,P.S. & J.R.L.Anderson（eds.）（1977）*C.K.Ogden : A collective Memoir.* London：Elek.Pemberton.「友人は語っている」というのはすべてこの本から。

2) Richards,I.A.（1976）*Complementarities: Uncollected Essays by I.A.Richards* ed.by Russo et al）オグデンと共著もあり、最も親しく接していたリチャーズはオグデンについてさまざまな思い出話を本やいくつもの小論、インタビューで語っている。同じことがいろいな資料で重なっている。

3) ─── （1957）"Some Recollections of C.K.Ogden," *Encounter* 48 Sept.1957
その他注は付けなかったが、リチャーズによるとというのは2）、3）、4）からのものが主である。

4) ─── （1977）"Co-Author of 'The Meaning of Meaning'" in P.Florence & J.Anderson（eds）

5) Gordon,W.T.（1990）*C.K.Ogden : a bio-bibliographic study* The scarecrow Press,Inc.

6) Richards,I.A.（1957）

7) Ogden,C.K（1932）*Jeremy Bentham 1832-2032* London: Kegan Paul. ベンサムの生存期間について実際は1747-1832である。題名の年月については印刷所のミスとの意見もあるが、ベンサムの死後200年というはるか先まで影響を及ぼすという意味ではないかと考えられている。

2章

1) オグデンが財団へベーシックの基金の申し込みをした時、先方からの請求にこたえて自身のことについて書いたもの、以後「オグデンは語っている」というのはこの文書による（マクマスター大学　Box 128/F10）

2) Gorden,C.K.（1990）*C.K.Ogden : a bio-bibliographic study* ウエルビ夫人、及びヘレチックスの会などについて詳しく述べている。

3) この本は R.H.Best と共著だが、オグデンは全く個別にドイツを訪れ、詳細な調査研究をした。一方 Best も独自の研究調査をしたが、2人の結果がほぼ同じだったので一緒の本にまとめたとのこと。

4) Richards,I.A.（1957）"Some Recollections of C.K.Ogden" *Encounter*48 Sept.1957

5) コリンスキー夫妻の20頁以上のこの記録はオグデンらの外国報道の記事について細かく、適切に正当に評価している。結論として最も重要なのはオグデンらのバランスの取れた観点として、平和主義、人道主義、国際主義がよく表れていると見ている。

6) Richards,I.A.（1957）

7) Athenaeum アシニーアムとは古代ローマの学校を指したが、いわゆる文芸学術クラブのこと。

8) 2)にあげた Gordon はオグデンについてかなり詳しく研究し、本もいくつか出している。特にオグデンの伝記、著書参考書目録は薄い本だが、大変詳しく筆者も参考にさせてもらった。

3章

1) Ogden,C.K.（1931）*Debabelization:With a Survey of Contemporary Opinion on the problem of Universal language.* London: Kegan Paul

   オグデンはこの中で近代科学の必要性を満たすには、分析的で実利的な表現機能が必要だ。未来の国際語には接辞などのない簡素で十分役に立つベーシックこそと主張している。

2) ヤグエーロ、M. 谷口多加子／江口修訳（1990）『言語の夢想者』東京：工作舎

3) Ogden,C.K.（1935）*Basic English versus the Artificial Languages.* London：Kegan Paul.

4) Russo,J.P.（1989）*I.A.Richards: His Life and Work.* Baltimore: John Hopkins U.P.

5) Plain English について英国では Gowers が 1948 年、アメリカでは Flesh が 1946 年とほぼ同じ時期にそれぞれ本を書いてこの運動を提唱した。詳細は　相沢佳子（2017）「Plain English について」*Year Book* No 70　GDM 英語教授法研究会／日本ベーシック・イングリッシュ協会

6) Ogden,C.K.（1932b）Bentham's Theory of Fictions. London：Kegan Paul.

7) Richards,I.A.（1957）

8) ──────（1957）

9) Brower,R. et al.（eds）"I.A.Richards：Essays in His Hounor" Brower とのインタビューに答えて

10) Richards,I.A.（1968）*So Much Nearer：Essays towards a World English.* New York：Harcourt, Brace & World.

注　211

4章

1) 英語以外の印欧系ではこのような分解は無理である。英語は enter（ラテン系）と go into（ゲルマン系）と両方ある。同じ方針で作られた throughs Pictures の本で調べると英語で go in (to) のところが仏語で *entrar*、スペイン語 *entrare*、イタリア語 *entare* となっている。このシリーズの Book1、11 で動詞は英語 16 語に対し、フランス語 95、スペイン語 76、イタリア 90 語が使われている。

相沢佳子（2003）「ベーシック英語の動詞制限について──他の言語と比較して『研究紀要』11 日本ベーシック協会　この論文に詳しいデータが出ている

2) Zipf, G.K. (1935) *The psycho-Biology of Language.* Cambridge: MIT Press.

3) 5) にあげた Talmy も一語の中に、特に動詞には意味が詰まっていることを解説している。

4) Ogden,C.K. (1932) *Opposition:With a Survey of Contemporary Opinions on the Problems of Universal Language.* London : Kegan Paul.

5) Talmy,L. (1985) "Lexicaization Patterns" T.Schopen (ed) *Language Typology and Syntactic Description.*lll New York:- Cambridge University Press. Talmy はこの中で動詞一語に「上がる」「入る」など方向を含む日本語、韓国語、タイ語などは path-language、他方 go into, up, down など動詞の外に方向が出ている英語、ドイツ語などを non-path language と言っている。英語の enter, ascend などはラテン系の借入語で、本来の英語では動詞は方向を含まない。それに対し、様態については

日本語では「ぶらぶら歩く」のように外に出し、英語ではramble, wanderのように動詞に含まれるので、英語はmanner-languageと分類されている。
6)「基本動詞＋名詞」については相沢佳子（1999）『基本動詞の豊かな世界』東京：開拓社
7) Richards,I.A.（1931）"The New World *Language*" *The Adviser*
8) Richards,I.A.（1968）*So Much Nearer : Essays Toward a World English.*New York:Harcourt, Brace & World
9) 広川由子「占領期における対日英語教育の歴史的基盤」教育史学会『日本の教育史学』58集 2015
10) Richards,I.A.（1936）*The Philosophy of Rhetoric.* New York: Oxford U.P.
11) Richards, I.A.（1935）*Basic in Teaching : East and West.* London : Kegan Paul.

5章
1) これらの資料館を訪れたのは30年ほど前のことだが、集めた資料は大切に保存しておいたが中には次の紀要に発表したものもある。研究紀要No 6 (1997)、No7 (1998)、No 8 (1999) 日本ベーシック協会
2) ベーシック・イングリッシュ財団はその後 the Promotion of English Trust となり、筆者の『ベーシック・イングリッシュ再考』(1995) の出版にはそこから助成金を頂いている。ただ現在この機関はより一般的なものとなっている。

著者略歴

相沢 佳子
（あいざわ よしこ）

1933年　東京生まれ。
津田塾大学英文科卒業。フルブライトによりミシガン大学留学。
英国レディング大学修士課程（英語教育専攻）終了。
元東京造形大学教授。

著書
『ベーシック・イングリッシュ再考』(リーベル出版 1995)
『英語基本動詞の豊かな世界』（開拓 2013 社　1999）
『850語に魅せられた天才 C.K. オグデン』（北星堂　2007）
『英語を850語で使えるようにしよう』（文芸社 2013）
ベーシック・イングリッシュ関係の論文など多数。

C.K. オグデン
「ことばの魔術」からの出口を求めて

2019年11月10日　初版発行

著　者	相沢 佳子（あいざわ よしこ）
発行者	相沢 佳子
発行元	株式会社　清水書院
	東京都千代田区飯田橋3－11－6
印刷所	萩原印刷株式会社

ISBN 978-4-389-50113-6